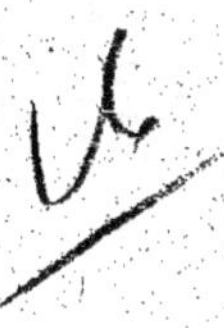

ORGANISATION DU TERRAIN

DEUXIÈME PARTIE

ORGANISATIONS DÉFENSIVES
Études de détail

Capitaine MORIN

TEXTE

VU ET APPROUVÉ :

Le Général BASSENNE,
Commandant le Génie de l'Armée,
Signé : **BASSENNE**.

IMPRIMÉ AU G. C. T. A. IV

20 Janvier 1918

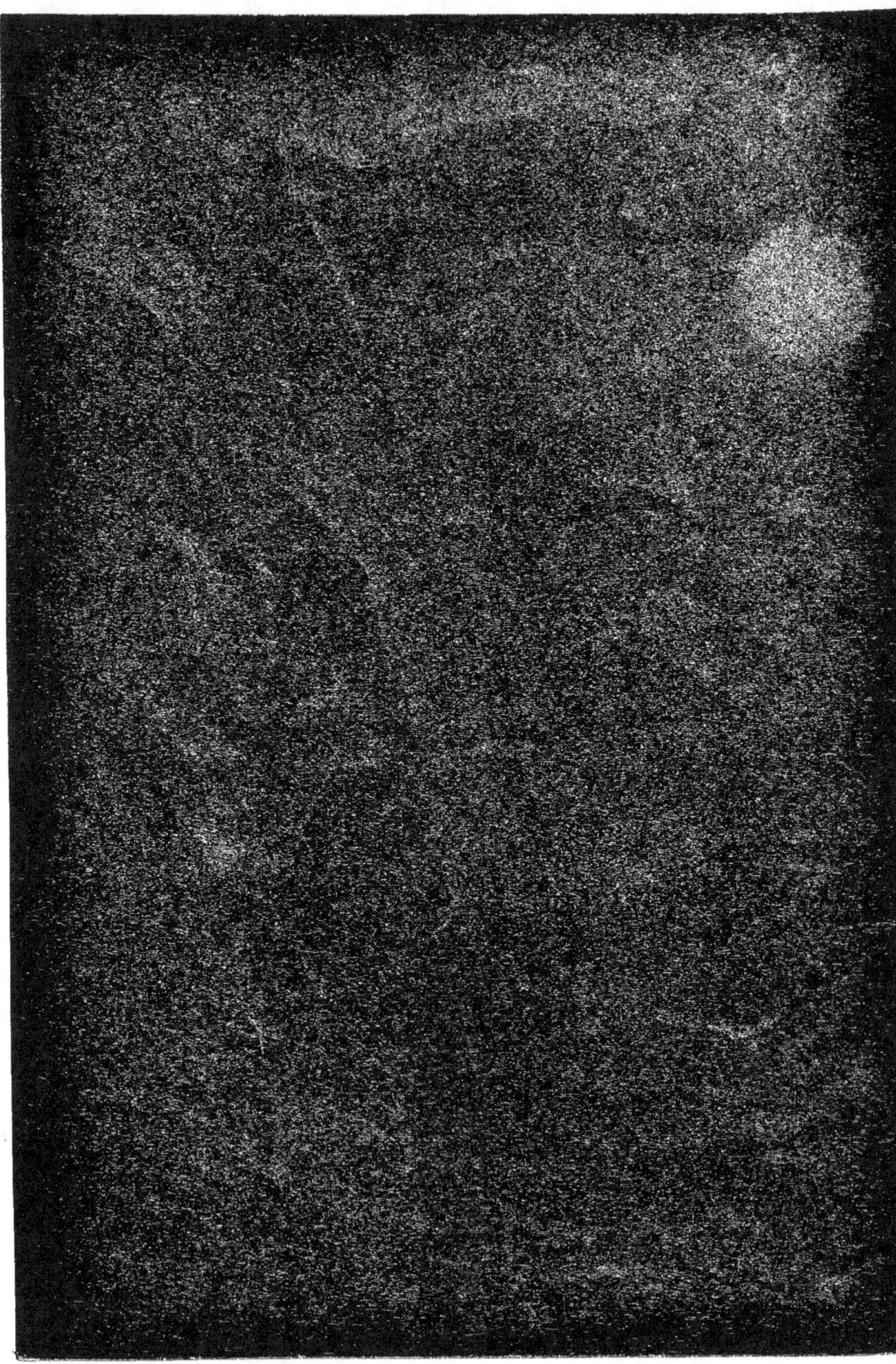

ORGANISATION DU TERRAIN

DEUXIÈME PARTIE

ORGANISATIONS DÉFENSIVES

Études de détail

Capitaine MORIN

TEXTE

TABLE DES MATIÈRES

PRINCIPALES RÉFÉRENCES

A. — Instructions ou notes officielles diverses

Instruction sur l'organisation du terrain à l'usage des troupes de toutes armes, 1re partie, G. Q. G., 22 août 1917.

Manuel du Chef de Section d'Infanterie, édition de janvier 1917.

Note sur la réorganisation de la Compagnie d'Infanterie, G. Q. G., no 9897/3, du 10 septembre 1917.

Note sur l'établissement de nouvelles organisations défensives, IVe Armée, 3e Bureau, 2e Section, 22 mai 1917.

Note au sujet des améliorations à nos organisations défensives, nécessitées par les procédés d'attaque actuels, G. Q. G., no 22705/3, du 26 août 1916.

Rapport du Lieutenant-Colonel Benoit, au sujet des effets du bombardement sur les fortifications de Verdun, communication et commentaire du G. Q. G., du 23 août 1916.

Note du Général Bassenne au sujet de la construction de blockhaus hexagonaux en béton armé, pour fusils-mitrailleurs ou pour une mitrailleuse, avec annexe, Génie de la IVe Armée, no 9127/3, des 24 et 25 octobre 1917.

Instruction sur l'organisation et la construction des batteries, décembre 1916.

Rapports du Commandant Gueniot sur les organisations allemandes entre Roye et l'Oise, I. G. T. O. A., mai et juin 1917.

Notes sur les organisations allemandes dans la région Roye-Lassigny, 11e C. A., no 7800 B/2.

Note sur la valeur des organisations défensives ennemies dans la région de Laffaux et ferme Moisy, 1er C. A. C., no 13763/3, du 31 mai 1917.

Règlements allemands relatifs à la guerre de position pour toutes armes, 1re partie, Section B, 15 décembre 1916, traduction S. T. G., 1917.

Notice sommaire sur les types de piquets pour réseaux actuellement employés, M. G., 18 mars 1916.

Notice au sujet de l'emploi de la tarière et de la clef à réseau, M. G., 24 juin 1916.

Notice sur le cheval de frise pliant imaginé par le Sous-Lieutenant Margot, M. G., 3 Novembre 1916.

Notice sur l'emploi du béton et du béton armé dans la fortification de campagne pour la construction d'abris à l'épreuve, M. G., 10 août 1915.

Instruction provisoire sur les abris cuirassés démontables pour observateurs, M. G. 25 juillet 1916.

Notice sur les dalles en ciment armé pour couches d'éclatement, M. G., 25 décembre 1916.

B. — Conférences et cours divers

Organisation du terrain, 1re partie, *Études d'ensemble*, É. I. G., Commandant Barré.

Constitution des abris, É. I. G., Capitaine Billiard.

Constitution des abris, É. I. G., Capitaine Hélie.

Effets du tir de l'Artillerie sur les organisations défensives, É. I. G., Capitaine Billiard.

Moyens de protection contre les gaz asphyxiants, É. I. G., Lieutenant Bonneau.

Influence de l'armement et des procédés d'attaque actuels sur les détails de l'organisation du terrain, C. É. G., Commandant Peltier.

Le fusil-mitrailleur modèle 1915, Étude de l'arme et emploi tactique, C. I. F. M., Commandant Rondet.

ORGANISATIONS DÉFENSIVES

ÉTUDES DE DÉTAIL

INTRODUCTION

Rappel des principes généraux de l'organisation du terrain

L'organisation du terrain, telle qu'elle est conçue actuellement, comprend, ainsi que cela a été développé dans l'*Étude d'ensemble*, du Commandant Barré, sur l'*Organisation du terrain*, plusieurs positions successives.

Chacune est constituée principalement par :

Une ligne ou parallèle [1] de surveillance ;
Une ligne ou parallèle principale de résistance ;
Une ligne ou parallèle de soutien ;
Une ligne ou parallèle de réduits ;
Des boyaux ;
Et éventuellement des bretelles.

Cet ensemble forme un *maillage* général permettant l'accès partout, autrement dit « desservant » tout les points du terrain. Il constitue une première série d'*emplacements de combat* et un masque du *dispositif d'occupation*.

Il est doublé d'un maillage correspondant de *défenses accessoires* qui cloisonnent le terrain.

Il est complété enfin par d'autres *emplacements de combat*, correspondant aux organes essentiels, en particulier aux flanquements, qui sont dispersés dans les intervalles du maillage pour échapper au tir systématique de l'ennemi sur celui-ci.

Ces divers éléments d'une position sont répartis, pour le Commandement, en un certain nombre de groupements, savoir :

Le *Groupe de combat* correspondant, en général, à la *Section* (parfois *Demi-Section* ou *Escouade*) ;
Le *Point d'appui* correspondant à la *Compagnie* ;
Le *Centre de résistance* correspondant au *Bataillon*.

But et plan de l'étude

Le but de la présente étude est d'examiner les principaux détails des organisations, d'en rechercher les conditions d'emploi, d'examiner les solutions adoptées et enfin de dégager de l'évolution constante de nos méthodes et moyens de combat les tendances actuelles et les modifications probables qu'elles entraîneront dans les dispositifs adoptés jusqu'ici.

L'étude portera particulièrement sur :

La réalisation du *flanquement* en conjugaison avec l'*obstacle* ;
Les *communications* ;
La fabrication et l'emploi du *béton* ;
L'utilisation et l'organisation des *localités* et des *bois* ;
Enfin quelques vues rapides sur l'*organisation de détail des batteries*.

---

[1] Dénomination employée par l'Instruction, G. Q. G., du 22 août 1917, sur l'Organisation du terrain, à l'usage de toutes armes.

Mais avant d'aborder ces différents sujets, il paraît indispensable de rappeler succinctement l'*organisation de la Compagnie d'Infanterie* et les caractéristiques de *son armement*. Car l'aménagement du terrain n'est qu'un moyen, dont le but est de permettre au défenseur de tirer de son armement le rendement maximum avec le minimum de pertes.

Cette étude préliminaire ne fera d'ailleurs pas double emploi avec les études spéciales développées par les Idoines, car elle se bornera au rappel des seules caractéristiques qui interviennent dans l'étude des détails d'organisation.

Dans le même ordre d'idée il ne sera parlé que pour mémoire :

1° Des effets du tir de l'Artillerie sur les organisations défensives, ce sujet ayant déjà fait l'objet d'une étude spéciale du Capitaine Billiard ;

2° Des détails de construction des abris, ce sujet ayant fait l'objet d'études spéciales des Capitaines Hélie et Billiard.

CHAPITRE PREMIER. — LA COMPAGNIE D'INFANTERIE ET SES MOYENS D'ACTION

La *réorganisation des Compagnies d'Infanterie* a fait l'objet d'une note secrète, G. Q. G., 9897.3, du 10 septembre 1917.

Partant de cette constatation que, dès l'abordage de la première ligne ennemie, le combat est le plus souvent mené par des groupes de la force de la Demi-Section environ, cette note en conclut à l'organisation de la Compagnie « en Demi-Sections de combat homogènes et identiques, ayant, dans le cadre de la Section, leur vie propre aussi bien au repos et à l'instruction que dans la bataille ».

Il résulte de ce texte que cette nouvelle organisation de la Compagnie, bien que créée pour répondre à son rôle offensif, doit néanmoins servir de base pour l'occupation et, par suite, l'aménagement des positions défensives.

La composition de la Demi-Section est théoriquement la suivante :

Sergent, chef de Demi-Section			1
Escouades de combat minima	1re *Escouade*..	Caporal	1
		Grenadiers-voltigeurs (dont 2 lanceurs)	6
	2e *Escouade*..	Caporal	1
		Fusilier-tireur	1
		Pourvoyeurs	2
		Grenadiers V. B.	3
Volant	1re *Escouade*..	Grenadiers-voltigeurs	2
	2e *Escouade*..	Fusilier ou grenadier V. B.	2

Le volant sert au recomplètement constant ou renforcement de la Demi-Section de combat.

L'effectif de combat de la Compagnie comprend 4 sections dotées chacune d'un chef de Section et d'un serre-file et constituées chacune de 2 Demi-Sections à composition indiquée ci-dessus.

Les *moyens d'action*[1] dont dispose la Compagnie d'Infanterie sont, indépendamment

---

[1] Les moyens d'action installés dans l'emprise même des positions comprennent encore les engins de tranchée, le canon de 37 $^{m/m}$ et éventuellement des pièces de 75 $^{m/m}$ en flanquement. Il n'en est fait mention que pour mémoire dans cette étude, car cet armement n'a pas d'influence prépondérante sur le tracé de détail de la position, dans laquelle il trouve d'ailleurs facilement place.

— 5 —

des armes blanches, le fusil, le fusil-mitrailleur, les tromblons V. B, avec leurs munitions et les grenades.

A ces moyens il y a lieu d'ajouter les *mitrailleuses,* bien qu'elles dépendent d'unités spéciales, car, dans la défense des positions, elles travaillent toujours en liaison intime avec la Compagnie d'Infanterie.

Les *caractéristiques* de ces différents moyens d'action, examinés spécialement au sujet de l'influence qu'ils peuvent avoir sur l'organisation des positions, sont les suivantes :

GRENADES. — Les *grenades explosives* se classent, au point de vue de leurs effets en deux variétés, caractérisées principalement par la grenade O. F. et la grenade F. 1. Les grenades se distinguent surtout par leur rayon d'action. Alors que les éclats de la F. 1 peuvent être dangereux jusqu'à 150 mètres, la O. F., agissant surtout par son souffle, a une efficacité beaucoup plus localisée.

Un bon grenadier peut lancer l'une ou l'autre de ces grenades à 30 ou 40 mètres. Certains grenadiers d'élite battent largement ce record, mais ce sont des exceptions dont il n'y a pas lieu de se préoccuper particulièrement dans l'organisation des positions.

La vitesse de lancement, dans le cas le plus favorable, peut atteindre 10 grenades par minute. Ce débit ne pourrait être soutenu longtemps.

Pour obtenir, avec cette vitesse, un barrage suffisant, il faut que les lanceurs soient à 10 mètres d'intervalle, s'ils emploient la O. F.; ils peuvent être écartés à 25 mètres s'ils emploient la F. 1.

Un ravitailleur peut apporter 30 grenades de l'un ou l'autre type.

FUSIL. — Les caractéristiques et l'emploi du fusil sont trop connus pour qu'il y ait lieu d'en parler ici. Rappelons seulement que les règlements prescrivent d'effectuer les tirs en utilisant le mécanisme à répétition et que la vitesse possible ainsi dans le tir coup par coup, en ajustant bien l'objectif, est de 8 coups à la minute.

V. B. — L'efficacité de la V. B., qui est une grenade à fusil fusante, est du même ordre que celle de la grenade à main F. 1. Sa portée moyenne est d'environ 150 mètres.

La vitesse de lancement, dans le cas le plus favorable, peut se chiffrer par 9 à 10 grenades par minute.

Un ravitailleur peut apporter 40 V. B.

La dotation de la Compagnie est de 28 tromblons, soit 7 par Section, dont un destiné à armer les hommes du volant.

Citons pour mémoire, comme autres grenades à fusil, les grenades Feuillette et D. R.

La Feuillette est une grenade percutante de même portée que la V. B., mais dont la construction entraîne, par suite de l'existence d'une tige, une assez grosse sujétion de fabrication et de transport. Son emploi paraît par suite peu susceptible de développement.

La D. R. est une grenade percutante d'une portée presque double de la V. B. Son utilisation aux Armées est trop récente pour qu'un jugement puisse être porté sur les services qu'il y a lieu d'en attendre.

FUSIL-MITRAILLEUR. — Le fusil-mitrailleur a aux petites distances une précision comparable à celle de la mitrailleuse. Pour une portée supérieure à 500 mètres, la dispersion augmente.

La *vitesse de tir* varie suivant le régime employé. Dans le tir coup sur coup, qui est le tir de précision, la vitesse moyenne [1] est de 40 coups à la minute avec des tireurs d'élite. Mais le régime d'emploi normal du F. M. au combat est par rafales courtes ou longues de 3 à 6 car-

―――――――――

[1] Projet de règlement sur le fusil-mitrailleur modèle 1915, Commandant Rondet.

touches. Ce débit n'est dépassé que dans les moments de crise par le tir rapide à chargeur plein de 20 cartouches. Il en résulte que bien que le F. M. soit une arme à tir rapide son débit est très inférieur à celui de la mitrailleuse.

Il s'en distingue en outre par son extrême mobilité, mobilité qui permet dans la défensive de lui confier des missions de barrage à feu direct par fauchage.

Une autre caractéristique du F. M. est sa facilité d'installation qui ne requiert aucun aménagement spécial. Rappelons que le F. M. permet même le tir en marchant. Pour les organisations défensives, nous retiendrons simplement cette facilité d'installation et la possibilité de le changer de position.

La Compagnie dispose de 8 F. M. répartis à raison d'un par Demi-Section, plus 4 F. M. à la disposition du Capitaine. En outre la D. I. possède une forte réserve de F. M. tant pour remplacer les armes encrassées, que pour renforcer l'armement des points importants du secteur.

MITRAILLEUSE. — La mitrailleuse donne un feu rasant très efficace jusqu'à 1.000 mètres [1] pour les portées plus grandes, son efficacité est encore satisfaisante si l'objectif est important et si la distance est appréciée très exactement.

La cadence de tir, variable suivant les types de mitrailleuses, a une valeur moyenne de 450 coups à la minute.

Pour le transport, l'engin se décompose en deux parties, la mitrailleuse proprement dite, qui pèse environ 24 kilos, et l'affût dont le poids est voisin d'une trentaine de kilos. L'importance de ces poids limite, dans une certaine mesure, la mobilité de l'engin.

Si l'on veut utiliser au maximum la précision et la rapidité de tir de la mitrailleuse, son installation nécessite un aménagement plus ou moins complet et dont il sera question ultérieurement.

Pour le *ravitaillement*, le fusil, le fusil-mitrailleur et la mitrailleuse sont comparables, un porteur pouvant fournir à l'une ou l'autre de ces armes environ 700 cartouches.

Il est intéressant, pour résumer l'étude rapide qui vient d'être faite, de chercher à chiffrer l'efficacité relative des différents engins examinés, sous réserve de bien se garder de tirer de ces chiffres des conclusions absolues et d'en exagérer la signification.

L'efficacité relative de la mitrailleuse, du F. M. et du fusil peut s'évaluer approximativement par le nombre de coups à la minute que peut tirer chacune de ces armes. On en conclut, sous les réserves indiquées ci-dessus, qu'*une mitrailleuse* équivaut à environ *trois fusils-mitrailleurs* ou à *soixante fusils*.

Pour chiffrer, dans le même ordre d'idée, l'efficacité relative de la mitrailleuse et du jet de grenades, on peut envisager la réalisation d'un barrage de feu sur un front de 500 mètres pendant 3 minutes. L'introduction du temps dans les données permet de calculer le ravitaillement, ce qui nous fournira les chiffres cherchés. La réalisation du barrage de 500 mètres peut, théoriquement [2], être obtenu par une mitrailleuse, employée en flanquement, qui tirera environ 1.400 cartouches, soit le fardeau de deux ravitailleurs.

Le barrage de même longueur, réalisé en grenades, nécessitera 600 F. 1. ou 1.500 O. F. correspondant respectivement à 20 ou 50 ravitailleurs.

Sans pousser plus loin la discussion de ces chiffres, ni en tirer des déductions qu'ils ne comportent pas, on peut conclure que la mitrailleuse est de beaucoup l'arme à plus grand rendement. Par conséquent les organisations défensives doivent être établies de manière à tirer des mitrailleuses le parti maximum pour la création de barrages continus de feux échelonnés en profondeur et s'appuyant successivement.

---

[1] Manuel du Chef de Section, Chap. V.

[2] Sous les réserves indiquées plus loin et relatives au jumelage des mitrailleuses.

La limitation du nombre de mitrailleuses dont on dispose conduira souvent à faire jouer un rôle analogue à un certain nombre de F. M., mais dans des zones moins importantes, moins étendues, ou se prêtant moins bien à une action de flanquement. L'étendue du champ de tir que peut ainsi battre le F. M. en flanquement est de l'ordre de 500 mètres, c'est-à-dire la moitié de celui de la mitrailleuse.

Il sera fait en outre appel aux qualités de mobilité du F. M. pour jouer le même rôle dans la zone la plus avancée et par suite la plus exposée, c'est-à-dire dans la région de la parallèle de surveillance.

Enfin le F. M. sera employé concurremment avec le fusil tirant la cartouche ordinaire ou la V. B. et avec la grenade pour assurer la protection des mitrailleuses auxquelles leur mission de flanquement ne permet pas d'assurer leur défense propre.

Le fusil pourra jouer un rôle analogue par rapport au F. M. employé en flanquement.

Remarquons, pour terminer cette étude rapide, que la mitrailleuse et le F. M. sont des *armes automatiques* donc susceptibles d'arrêt par suite d'échauffement, encrassement ou enrayage. En conséquence il sera bon, chaque fois que leur sera confiée une mission de barrage importante, et ce sera souvent le cas des mitrailleuses, d'en prévoir le jumelage, de manière à ce qu'une des deux armes puisse suppléer l'autre en cas d'arrêt de celle-ci [1].

Pour les F. M. la note du 10 septembre 1917, en ne mettant qu'un seul fusil-tireur dans la composition minima de la Demi-Section de combat, semble en avoir prévu l'emploi isolé. Mais nous pourrons faire appel, pour en effectuer le jumelage dans les cas importants, et en particulier dans les missions de flanquement, aux 4 fusils-mitrailleurs supplémentaires dont dispose le Commandant de Compagnie et, le cas échéant, à la réserve de F. M. dont dispose la D. I.

CHAPITRE II. — **FLANQUEMENT ET OBSTACLE**

L'*Instruction*, G. Q. G., du 22 août 1917, *sur l'organisation du terrain à l'usage des troupes de toutes armes*, qui constitue pour nous la directive la plus récente émanant du Commandement, précise comme suit (1re Partie, Titre III, Chap. II), l'élaboration de cette organisation en dehors du combat.

Le dispositif général de la position fait l'objet d'un *plan d'ensemble* qui détermine :

Le front général de la position ;

L'échelonnement général des forces (tracé approximatif des diverses parallèles);

Les centres de résistance (c'est-à-dire l'ensemble des éléments de la position correspondant à un groupement de Commandement de l'ordre du Bataillon);

La répartition d'ensemble de l'Artillerie ;

Les grandes lignes du réseau des communications ;

L'emplacement approximatif des observatoires importants ;

L'organisation du Commandement ;

Les grandes lignes du réseau des liaisons électriques et optiques.

Prenant comme base ce *plan d'ensemble*, on procède ensuite, par une étude sur la carte et surtout par des reconnaissances sur le terrain, à l'établissement du *plan détaillé* qui régira *l'exécution*.

---

[1] La Section de Mitrailleuses comprend actuellement trois pièces dont une, en principe, est en réserve pour parer aux dérangements des deux autres.

Le plan détaillé décompose chaque *centre de résistance* en certain nombre de *points d'appui* répartis dans la largeur et la profondeur. Ces points d'appui correspondent en principe à des groupements de Commandement de l'ordre de la Compagnie, avec adjonction d'une ou plusieurs Sections de mitrailleuses.

On s'efforcera de réaliser de « *puissants barrages de feux d'Infanterie par l'emploi systématique des armes automatiques en flanquement* ». Les dispositions adoptées doivent rendre facile la concentration des feux, ce que permet en général l'échelonnement en profondeur et la disposition en échiquier. Elles doivent également permettre le déclanchement des contre-attaques.

On arrête ensuite l'organisation de chacun des *points d'appui* en :

Fixant les missions et emplacements de *groupes de combat* (c'est-à-dire des groupements de Commandement correspondant à une arme automatique en flanquement et à son élément de protection, Section, Demi-Section ou Escouade) ;

Précisant le tracé des éléments de parallèles, des boyaux et des défenses accessoires intéressant le point d'appui ;

Enfin, l'on arrête les détails d'organisation de chaque groupe de combat, c'est-à-dire l'emplacement des armes automatiques, de l'élément de protection, des communications et du complément de défenses accessoires nécessaire pour protéger le groupe.

Ainsi, sur le terrain même, l'implantation des détails d'une organisation défensive doit commencer par la réalisation de puissants barrages de feux d'Infanterie obtenus par l'emploi systématique des armes automatiques en flanquement. Ces armes sont les mitrailleuses ou les F. M. L'efficacité très supérieure de la mitrailleuse conduit à chercher d'abord à réaliser ces barrages par l'installation, dans les meilleures conditions de rendement, des Sections de mitrailleuses dont dispose normalement le Bataillon, puis à compléter cette action par celle des F. M. Ceux-ci étant dans ce cas, et toutes proportions gardées, employés de la même manière que les mitrailleuses, seront traités comme les mitrailleuses dont il va être plus spécialement question dans la présente étude du flanquement et de l'obstacle.

Il y a un intérêt majeur à conduire simultanément l'étude du *flanquement* et de *l'obstacle*, car s'ils existent parfois, à tort d'ailleurs, l'un sans l'autre, ils tirent chacun leur rendement maximum de leur conjugaison mutuelle.

La mitrailleuse, nous l'avons vu, est une arme à grand débit (450 coups à la minute) et son efficacité est très meurtrière, mais à condition de tirer dans une direction sensiblement fixe. Avec le fauchage, la densité diminue très rapidement et l'effet produit est faible. Avec un fauchage de 45° par exemple, la densité tombe à moins d'une balle par minute par mètre du trajet suivi par l'ennemi à 600 mètres de la mitrailleuse. On est donc conduit à rechercher l'exécution du flanquement dans une direction sensiblement fixe. Mais pour qu'il produise son maximum d'effet, on cherche en outre à maintenir l'ennemi dans cette direction et on y parvient artificiellement grâce à *l'obstacle*.

Ce dernier a pour but évident d'empêcher l'ennemi de passer ; mais ce résultat ne peut guère être atteint directement d'une manière absolue. Le franchissement ou la destruction d'un obstacle ne sont qu'une question de temps et de moyens. Donc l'obstacle à lui seul retarderait l'ennemi un temps plus ou moins long, mais ne l'arrêterait pas. Et ce dernier résultat ne peut être atteint qu'à condition d'utiliser pour détruire l'ennemi cet arrêt forcé que lui fait subir l'obstacle.

Flanquement et obstacle devront donc en principe être toujours conjugués.

Nous allons examiner successivement :

1° En quels points du terrain ils doivent être installés ;

2° Comment ils doivent être aménagés.

Choix de l'emplacement sur le terrain

La première des conditions à satisfaire est évidemment de permettre d'agir sur l'ennemi avec *l'efficacité maxima*. Ceci exige, pour l'organe de flanquement, dans la direction que l'on veut battre, l'existence d'un champ de tir d'une *étendue* suffisante, champ de tir suivant lequel sera placé l'obstacle. Nous avons vu que la mitrailleuse donne des feux rasants très efficaces jusqu'à *1,000 mètres* [1] ; en conséquence, nous devrons chercher à lui donner un champ de tir dont l'étendue soit de l'ordre de grandeur de 1.000 mètres. Il ne sera pas toujours possible d'atteindre ce chiffre et les formes tourmentées de certaines régions obligeront parfois à se contenter de quelques centaines de mètres. Mais ne pas oublier que le nombre de mitrailleuses est limité ; qu'il faut, si possible, ne les employer que par Section ou par couple et que tout allongement du champ de tir conduit, pour un barrage déterminé, à une économie de moyens, permet donc le renforcement en profondeur de l'organisation, c'est-à-dire les chances de tenir.

Ce champ de tir doit avoir en outre une *amplitude* aussi grande que possible. Il est exact que la mitrailleuse, pour produire son effet maximum, ne tirera en principe que dans une ou deux directions fixes. Mais il ne faut pas oublier qu'à l'amplitude du champ de tir correspond directement le temps pendant lequel l'ennemi est vulnérable et qu'il y a intérêt, malgré la rapidité de tir des armes automatiques, à augmenter le plus possible ce temps. En outre un champ de tir de grande amplitude permet de voir venir l'ennemi, c'est-à-dire d'être prêt à tirer sur lui au moment utile ; car champ de tir de la mitrailleuse et champ de surveillance de son guetteur ne font en général qu'un, la liaison entre ces organes ne pouvant se faire qu'à la voix.

Pour utiliser au maximum la tension de la trajectoire de la mitrailleuse, les règlements préconisent d'utiliser ses *feux rasants*. Mais, là encore, il est bon de conserver une juste mesure, car il faut tenir compte du bouleversement que la bataille ne peut manquer d'amener à la surface du sol et qui aveuglerait immédiatement un organe à feux trop rasants. Pour éviter toute erreur à ce sujet, il est bon, dans la reconnaissance et dans l'implantation, de planter un piquet dont la tête corresponde exactement à la cote du canon de l'arme et de vérifier le champ de tir ainsi obtenu.

Telles sont les conditions de terrain auxquelles devront satisfaire l'emplacement de l'organe de flanquement et son obstacle pour *agir sur l'ennemi avec l'efficacité maxima*.

Cherchons maintenant à quelles autres conditions cet emplacement devra satisfaire pour *qu'ils subsistent le plus longtemps possible*.

Les deux formes sous lesquelles se produit contre eux l'attaque ennemi sont *le tir de l'Artillerie* et *l'assaut de l'Infanterie*.

Si l'on excepte certains escarpements de forme et d'orientement tout-à-fait spéciaux, le terrain ne peut en général assurer par sa forme même une protection efficace contre les coups de l'Artillerie. Mais il peut diminuer considérablement les chances d'atteintes en dérobant complètement l'organisation à l'observation ennemie, ou en rendant le réglage du tir difficile. C'est, par exemple, le cas de *bois* qui cachent complètement l'organisation, de *régions bouleversées* qui en facilitent le truquage et le camouflage, ou de *contre-pentes* qui la font échapper à l'observation terrestre ennemie. Il y a donc lieu de tenir soigneusement compte des conditions locales à ce point de vue pour la détermination des emplacements de l'organe de flanquement et de l'obstacle conjugué.

Contre l'assaut de l'Infanterie, le terrain facilitera la résistance de l'organe de flanquement s'il assure dans la direction de l'ennemi un champ de tir suffisant. Il est à noter, en effet, que la mitrailleuse agissant en flanquement est par suite exposée à une attaque de flanc. Si l'on veut obtenir que la menace ennemie ne la détourne pas de sa mission, il importe de la

---

[1] Manuel du Chef de Section (Chap. V).

couvrir dans la direction dangereuse par un élément de protection et que ce soutien dispose d'un champ de tir suffisant. D'où la nouvelle condition précitée à satisfaire sur le terrain pour l'organe de flanquement.

L'obstacle sera d'autant plus efficace contre l'assaut d'Infanterie qu'il sera mieux dissimulé. Cette condition, souvent difficile à satisfaire, pourra néanmoins parfois être réalisée par l'utilisation de ressauts convenablement orientés. Et l'intérêt que présente pour l'obstacle la dissimulation ainsi obtenue est tel qu'il serait maladroit de ne pas tirer parti de cette circonstance favorable chaque fois qu'elle se présente.

On a parfois préconisé d'obtenir artificiellement ce résultat par l'aménagement d'un avant-glacis masquant le réseau, mais l'importance du travail de délardement du terrain et la visibilité qui en résulte pour l'installation empêchent cette solution d'être d'emploi général.

De l'ensemble des conditions examinées ci-dessus, — étendue et amplitude du champ de tir du flanquement, rasance des feux, dissimulation aux vues aériennes et terrestres, champ de tir de protection propre, — on déduit les points à occuper pour barrer le terrain de puissants feux de flanquement et le tracé général des obstacles avec lesquels ceux-ci se conjuguent.

Comment doivent être aménagés le flanquement et l'obstacle

A. — Obstacle

Réserve faite des obstacles naturels et de certains cas particuliers sur lesquels la nécessité de limiter cet exposé ne nous permet pas d'insister, l'obstacle est, dans l'immense majorité des cas, constitué par du réseau de fil de fer.

Cette défense accessoire est trop connue des Officiers du Génie pour que nous entrions à ce sujet dans des détails inutiles et nous nous bornerons à traiter les points suivants :

NATURE DES PIQUETS. — Les piquets peuvent être soit en bois, soit métalliques. Les différents types[1] actuellement employés et approvisionnés sont figurés croquis n° 1. Ils se demandent sous les rubriques :

Piquets en bois pour réseaux ;

Piquets cornière { à semelle (rivée) ; à semelle (boulonnée) ; sans semelle ;

Piquets-brèches.

Piquets à vis cornière ;

Piquets à vis en fer rond ;

Ils ont tous 1 m. 60 de longueur sauf le dernier type qui est fabriqué en trois grandeurs mesurant :

Grand :	1 m. 60
Moyen :	0 m. 85
Petit :	0 m. 45

et approvisionné dans la proportion de 5 grands, 5 moyens, 1 petit.

Les *piquets métalliques* présentent sur les *piquets en bois* l'avantage d'être moins visibles, d'une plus grande durée, moins destructibles par le souffle et plus faciles à enfoncer

---

[1] Pour plus de détails, voir la notice S. T. G. du 18 mars 1916 sur les types de piquets pour réseaux actuellement employés.

sans bruit. Cette dernière condition peut, il est vrai, être réalisée dans certains terrains pour les piquets en bois par l'utilisation de la tarière à réseau [1].

Les piquets métalliques offrent par contre l'inconvénient d'un encastrement moins solide dans le sol, inconvénient atténué par l'emploi de retraites disposées de part et d'autre du réseau — retraites dont l'emploi est recommandé dans tous les cas.

Mais la grosse question qui régit l'emploi relatif des piquets en bois et des piquets en fer, c'est la limitation de l'approvisionnement de ceux-ci, qui n'est qu'une des formes de la limitation du tonnage d'acier dont nous disposons. Il en résulte que les piquets en fer sont à réserver pour les cas où leurs avantages spéciaux, en particulier moindre visibilité et possibilité de les enfoncer sans bruit, priment tout.

HAUTEUR DU RÉSEAU. — La recherche de l'effet de surprise par l'invisibilité a conduit à préconiser l'emploi des *réseaux bas*. Cette disposition, qui présente de très sérieux avantages, en particulier si le réseau est noyé dans une végétation herbacée, offre l'inconvénient d'être plus aisément franchissable.

On a proposé, pour parer à ce défaut, d'élargir l'obstacle.

Des renseignements recueillis auprès des Chefs de Section d'Infanterie qui fréquentent l'École des Pionniers de la IVe Armée, il résulte que le réseau bas peut être aisément franchi quand on en soupçonne l'existence. Témoin le coup de main exécuté par le détachement d'élite de la 24e D. I. le 6 août 1917, devant Auberive, où un réseau bas a été franchi au moyen d'un caillebotis.

On peut donc en conclure avec la majorité des Pionniers précités que le réseau bas offrirait seul un obstacle moins sérieux que le réseau normal, et est surtout intéressant comme réseau de doublement ou comme réseau d'encerclement de certaines organisations particulières.

ÉPAISSEUR DU RÉSEAU. — Il importe de donner au réseau une épaisseur suffisante pour qu'un seul projectile n'y puisse créer une brèche complète. Le chiffre communément admis à cet effet est d'*une dizaine de mètres*, soit 6 rangs de piquets non compris les retraites. L'étude de la dispersion du tir [2] montre qu'à moins de dépasser comme épaisseur la valeur de plusieurs écarts probables, il n'y a pas intérêt à épaissir le réseau au-delà du chiffre indiqué ci-dessus.

Si les ressources en matériel et main-d'œuvre permettent de traiter plus largement l'obstacle, il est préférable de le constituer de bandes distantes entre elles de plus d'un écart probable. Cette solution permet d'ailleurs de réaliser la disposition du double réseau préconisée par le Commandant Barré dans l'étude d'ensemble des organisations, à savoir :

Un réseau de grand flanquement tracé sensiblement en alignement droit dans tout le champ de tir de la mitrailleuse ;

Un réseau de protection propre de la parallèle composé d'éléments successifs flanqués de points convenables de celle-ci dont ils se tiennent à une distance suffisante pour être hors de portée de grenade tout en permettant la surveillance par l'ouïe — En pratique laisser au moins 40 mètres entre la tranchée et la lisière extérieure.

SITUATION RESPECTIVE DE LA MITRAILLEUSE ET DU RÉSEAU [3]. — Pour que la mitrailleuse puisse agir sur l'ennemi sans détruire le réseau, il faut qu'elle en flanque la *lisière extérieure*. Comme l'ensemble des réseaux doit couvrir l'emplacement de l'organe de flanquement, il est évident que le feu de ce dernier devra toujours le traverser en un point. On y évitera l'effet de

---

[1] Ce matériel comprend deux outils :
Une tarière, destinée à forer le trou devant servir de logement à la partie inférieure des piquets ;
Un tourne à gauche ou levier d'enfonçage, destiné à faire entrer à forcement les piquets dans les trous préparés.
Voir pour plus amples détails la notice S. T. C. du 24 juin 1916 « Au sujet de l'emploi de la tarière et de la clef à réseau. »

[2] Voir sur le même sujet : « Effets du tir de l'Artillerie sur les organisations défensives », Capitaine Billiard.

[3] Il est essentiel que le réseau flanqué ne trahisse pas l'emplacement de la mitrailleuse, ce que l'on obtient en éloignant suffisamment cette dernière. On préconise également de noyer le réseau de flanquement dans un lacis de réseaux et même de le constituer par du réseau bas.

destruction soit en choisissant pour cela un point bas de terrain, soit en abaissant la hauteur du réseau, soit enfin en interrompant en ce point le réseau par l'aménagement d'une coupure.

COUPURES. — La nécessité de la continuité des défenses accessoires, qui seule peut garantir contre l'infiltration ennemie la nuit ou par temps de brouillard, est unanimement admise. Mais cette continuité doit être corrigée par l'aménagement d'un certain nombre de coupures pour la circulation des patrouilles, les contre-attaques, etc. On admet en général la nécessité d'au moins un passage tous les 200 mètres[1]. Il y a intérêt à ménager ces coupures en chicane, mais comme l'épaisseur du réseau ne le permet guère, on crée la chicane en construisant en face du passage un élément de réseau qui forme écran.

Toutes dispositions doivent être prises pour obturer rapidement la coupure. On maintient à cet effet à proximité un approvisionnement de chevaux de frise, réseaux Brun, boudins Ribard, etc. Parfois, les piquets sont plantés dans la coupure comme dans le reste du réseau et les couronnes de fil de ronces nécessaires pour achever l'obstacle sont disposées en attente de part et d'autre de la brèche.

Ces mesures sont à compléter par la défense de la coupure par le feu. Il peut y avoir en effet intérêt à la maintenir ouverte malgré la proximité de l'ennemi et, d'autre part, on n'est pas sûr de pouvoir toujours l'obturer à temps. La coupure est donc placée de manière à être facilement commandée par le feu des éléments d'un des groupes de combat voisins — ce que devra prévoir la mission de ce dernier.

Aux coupures dans les obstacles correspondent les points de franchissement des parallèles et boyaux et plus généralement le réseau de pistes qui permet les contre-attaques et la manœuvre à travers la position.

CONSTRUCTION DU RÉSEAU NORMAL. — La construction d'un réseau doit être menée progressivement de l'extérieur vers l'intérieur de manière qu'en cas d'irruption de l'ennemi, la partie déjà exécutée se trouve entre lui et nos travailleurs.

Sans reprendre en détail la construction du réseau normal, il a paru intéressant d'indiquer ci-après une méthode à l'avancement de pose de fil de fer, pratiquée par les Pionniers de la IVᵉ Armée. Cette méthode cherche à équilibrer le travail entre les différentes équipes.

Le réseau, pour la pose du fil, peut être considéré (voir croquis nᵒ 2) comme formé de deux genres de séries de panneaux :

Les panneaux du plan dont chaque série est jalonnée par un alignement longitudinal de piquets ;

Les panneaux du paravent (ou en zig-zag), dont chaque série est formée par le réseau entre deux panneaux du plan consécutifs.

Si l'on veut obtenir une organisation de travail à l'avancement simultané des différentes équipes, il est indispensable de mettre sur chaque série du paravent un effectif double de celui affecté à chaque série du plan, ceci en raison du nombre double des panneaux des premières séries.

La répartition des équipes adoptée est en conséquence la suivante :

Série du plan : deux équipes posent chacune le fil suivant le schéma A indiqué sur le croquis nᵒ 2 ;

Série du paravent : 4 équipes posant chacune le fil suivant le schéma B.

L'expérience a montré que l'apprentissage de cette méthode de pose du fil était très rapide.

RÉPARATION ET ENTRETIEN DES RÉSEAUX. — CHEVAUX DE FRISE. — RÉSEAUX DÉMONTABLES. — Les réseaux doivent être entretenus et réparés au fur et à mesure de leur détério-

---

[1] Une note allemande de juillet 1917 préconise des passages de 5 mètres réunis par groupe de quatre pour 100 mètres de réseau. Elle ne précise d'ailleurs pas le nombre de groupes.

ration. La meilleure méthode consiste à les reconstruire à travers la brèche créée. Mais cette solution peut être difficile à adopter sous le feu de l'ennemi ; on utilise dans ce cas des réseaux démontables susceptibles d'être rapidement mis en place. Quelques-unes des nombreuses variétés de ces réseaux sont les suivantes :

BOUDIN RIBARD [1]. — L'élément de réseau dit « Boudin ou saucisse Ribard » se compose, comme l'indique le croquis n° 3, de 5 cercles formés de deux fils de fer lisse de 5 $^{m/m}$ dont l'un porte 6 anneaux destinés à recevoir des rayons en fil de fer de 2 $^{m/m}$. Ces cercles placés à 0^{m}75 de distance, sont reliés entre eux longitudinalement et diagonalement par des fils de ronce artificielle passés dans les anneaux correspondants. Pour le transport et l'emmagasinement, ces cercles sont rapprochés les uns des autres par torsion du boudin et maintenus ainsi au moyen de deux ligatures de fil de 9/10. Le poids d'un élément ainsi constitué est d'environ 7 kilogrammes.

Pour l'emploi, chaque élément est, après suppression des ligatures, étiré et fixé au sol par des cavaliers de réseau « Brun ». Il est relié au voisin par six ligatures. L'obstacle peut être renforcé en y intercalant des piquets de réseau ordinaire.

L'outillage nécessaire pour la fabrication ne comprend, en dehors des outils ordinaires, cisailles, pinces, etc., que :

Une table gabarit pour la confection des cercles ;

Un cadre de 3^m×1^m pour le montage du boudin.

Un atelier de 30 hommes exercés peut monter 100 boudins dans une journée.

RÉSEAU MARGOT [2]. — L'élément du réseau Margot se compose, comme l'indique le croquis n° 4, d'une carcasse en cadres de fil de fer rendue rigide après extension par des verrous qui en fixent la triangulation.

L'engin prêt à être mis en place se présente sous l'aspect d'un prisme horizontal d'environ 2^{m}40 de long et à section droite octogonale inscrite dans un rectangle mesurant approximativement 0^{m}85×0^{m}80.

Plié, le cheval de frise a un encombrement d'environ 1^{m}12×0^{m}80×0^{m}12. Son poids est d'un peu plus de 10 kilos.

RÉSEAU MAGNOL. — L'élément de réseau Magnol se compose de deux étoiles à six branches obtenues chacune par la superposition de deux triangles en fer rond forgé et appointé. Les étoiles sont disposées parallèlement, réunies entre elles au moyen de ronce artificielle, et maintenues à leur écartement par une entretoise en fer rond. Cette dernière est articulée et se plie pour le transport, ce qui permet d'appliquer les deux étoiles l'une sur l'autre.

Ces réseaux présentent chacun leurs avantages particuliers. En pratique, ils sont sensiblement équivalents et ont tous rendu de grands services. L'important est d'avoir un type de réseau démontable, facile à transporter et à mettre en place et dont, quand le ravitaillement de l'arrière ne peut suffire aux besoins du front, la fabrication puisse être improvisée rapidement avec les ressources dont on dispose.

B. — Organe de flanquement

Nous examinerons d'abord l'aménagement de l'emplacement de la mitrailleuse, puis l'installation du F. M. et enfin l'installation d'ensemble de l'organe de flanquement, y compris les différents éléments qui en sont le complément indispensable, (observatoire, abri, communications, etc.).

---

[1] La description donnée est conforme aux indications du colonel Ribard et diffère un peu de celle du type de boudin fabriqué par le P. G. A. IV.

[2] Pour plus de détails, voir la notice S. T. G. du 3 novembre 1916 « sur le cheval de frise pliant imaginé par le Sous-Lieutenant Margot ».

Emplacement de mitrailleuse. — Quelques mots d'historique sont nécessaires, tant pour expliquer les organisations qui subsistent que pour déterminer la loi suivie par les transformations successives et en déduire par extra polation les organisations à venir.

Au début, les emplacements de mitrailleuses dans les organisations défensives ont été principalement constitués par l'aménagement de petites *plateformes*, d'emprise rectangulaire, qui se détachaient à quelques mètres en avant de la tranchée à laquelle les réunissait un boyau.

La facilité de repérage par photos d'avions d'une semblable disposition conduisit à installer les mitrailleuses dans des *tranchées spéciales* dont le parapet et le revers étaient établis et entaillés à la demande du trépied, mais dont l'aspect sur une photo ne se distinguait pas de celui des autres tranchées. Cette disposition a été réalisée au G. A. N. dans l'organisation de la défense d'Amiens.

L'importance de la conservation des mitrailleuses et le désir de les voir entrer en action instantanément au moment propice ont conduit à chercher à les maintenir en permanence à leur position de tir. On les protégeait contre la préparation d'Artillerie en les mettant sous *casemate*. De là provient la construction de nombreuses casemates qui se groupent en deux types principaux :

L'un en bois (type G. A. C.) ;
L'autre en béton armé.

Cette solution, à condition d'employer le béton, est certainement une des plus satisfaisantes que l'on puisse trouver ; mais il importe de remarquer que le relief de l'installation est très considérable. Il faut en effet compter, pour être protéger contre le 210, un relief de 1 m. 50 environ au-dessus de l'axe de tir de la mitrailleuse, et ceci avec l'emploi du béton armé. Si les conditions locales sont telles que ce relief ne trahisse pas l'installation, il n'en résulte aucun inconvénient. Mais si, comme cela a été fait trop souvent, la casemate est mise en terrain découvert ou sous un masque qui disparaisse aux premiers coups de canon, on peut être sûr que la mitrailleuse ne pourra jouer son rôle.

En effet :

1° Tout effet de surprise sera supprimé ;
2° La casemate sera prise à partie par l'Artillerie ennemie : canons genre 37 $^{m/m}$ qui tenteront le coup d'embrasure : Canons plus puissants qui, s'ils ne parviennent pas à ruiner une casemate en béton bien construite, l'aveugleront complètement et la rendront pratiquement inutilisable.

En résumé, l'emploi de mitrailleuses sous casemate en béton armé n'est à préconiser qu'aux points où les conditions locales en permettent la facile dissimulation ; ce sera le cas de talus, de bois, de localités, etc.

Dans la construction des casemates, il y aura en outre lieu de tenir compte de l'énorme production d'oxyde de carbone résultant du tir. Cet oxyde de carbone ne pourra être éliminé que par une ventilation énergique, soit naturelle, soit artificielle. Dans ce dernier cas, remarquer que l'air puisé à l'extérieur peut, en cas d'émission gazeuse ou de bombardement par obus asphyxiants, contenir des gaz toxiques. L'installation, pour être complète, devra donc comprendre un ventilateur avec filtre.

Le croquis n° 5 représente une casemate rectangulaire en béton d'un modèle assez courant.

Le croquis n° 6 représente un type de casemate hexagonale en béton armé préconisé par le Général Bassenne, Commandant le Génie de la IVe Armée, dans sa note n° 9088/3 du 24 octobre 1917.

Cette casemate, dont l'exécution sera étudiée plus en détail à propos de l'emploi du béton, présente, en raison de sa forme hexagonale, certains avantages sur la casemate rectangulaire :

1° Possibilité d'avoir des créneaux tirant dans tous les azimuts ;

— 15 —

2º Périmètre voisin du minimum pour une surface utile déterminée, d'où économie de béton ;

3º Réduction du périmètre exposé aux coups directs ;

4º Renforcement de la résistance de chaque piédroit en raison de son plus faible développement entre appuis.

La construction d'un certain nombre de casemates de ce type est en cours sur le front de la IVᵉ Armée.

Une autre solution du problème a été réalisée dans une Armée comme l'indique le croquis nº 7 par l'emploi d'un *cuirassement* en acier mi-dur encastré dans un massif de béton armé. L'utilisation d'un cuirassement permet évidemment de réduire le relief au minimum. Les seuls inconvénients qui peuvent subsister consistent dans la possibilité d'aveuglement de l'installation et la difficulté de ventilation.

Cette solution n'est d'ailleurs donnée qu'à titre d'indication car l'emploi d'un cuirassement spécial, dont le poids doit être de l'ordre de plus de deux tonnes, ne peut être, dans l'organisation des positions, une solution d'ordre général.

Dans les régions où les casemates seraient trahies par leur relief, on cherche actuellement la protection des mitrailleuses par la dissimulation de leurs emplacements, mais avec cette idée nouvelle de placer ces derniers à une distance des tranchées et boyaux telle qu'ils échappent à une préparation méthodique effectuée par l'Artillerie ennemie sur ceux-ci[1].

La position de tir ou poste de combat de la mitrailleuse est en général constituée par un *trou d'obus* relié à la position de repos en abri souterrain par une communication en puits ou galerie. Le croquis nº 8 représente des dispositifs de ce genre.

La *galerie* facilite l'accès, mais présente une partie faible au voisinage de son débouché.

Le *puits* offre une protection plus grande, mais rend la circulation plus difficile. On a préconisé une solution mixte composée d'une galerie ascendante terminée par un puits de faible hauteur.

On peut aussi améliorer considérablement la facilité de circulation dans le puits en l'inclinant légèrement sur la verticale, à la façon d'une échelle posée le long d'un mur, de manière que la ligne d'action du poids du corps de l'homme pendant l'ascension passe au voisinage des points d'appui de *ses pieds*.

Une autre solution qui facilite considérablement l'entrée en action de la mitrailleuse consiste à interposer entre l'abri souterrain, *position de repos*, et le trou d'obus, *position de tir*, une chambre servant de *position d'attente*. Cette chambre doit être suffisamment *protégée* pour permettre au chargeur et au tireur de s'y maintenir pendant la fin de la préparation d'Artillerie ; elle doit être en relation assez facile avec l'emplacement de tir pour que la mise en batterie de la mitrailleuse se fasse le plus rapidement possible.

Cette solution est réalisée dans le *trou de marmite bétonné* figuré croquis nº 9. Cette organisation est constituée essentiellement par une dalle en béton armé, recouvrant le puits de communication souterrain et la chambre d'attente et comprenant en outre une cavité en forme de trou d'obus qui sert d'emplacement de tir pour la mitrailleuse. On obtient de la sorte, outre les avantages de la chambre d'attente :

1º La protection du puits ;

2º La conservation à peu près intact de l'emplacement de tir de la mitrailleuse.

Il est curieux de noter que les Allemands sont parvenus, pour l'installation de leur mitrailleuse, à une solution un peu différente d'aspect de la nôtre, mais s'inspirant rigoureusement des mêmes considérations.

Un des derniers types d'installation réalisé dont nous ayons eu connaissance consiste en

____

[1] Note de la IVᵉ Armée (22 mai 1917) sur l'établissement des nouvelles organisations défensives.

effet, suivant le croquis n° 10, en un abri bétonné par-dessus lequel les mitrailleuses tirent en barbette. L'abri est pourvu, à cette fin :

1° D'une série de pivots pour affût de mitrailleuse placés sur sa dalle de toit ;

2° D'un balcon en béton courant le long de sa face arrière pour permettre le service des engins.

L'intérieur de l'abri ne sert qu'au personnel. Lorsque les mitrailleuses ne sont pas utilisées elles sont placées dans une grande niche ménagée dans la face postérieure et fermée par des portes blindées. D'autres niches, plus petites, contiennent les munitions. Ce dispositif permet de mettre les mitrailleuses à leur emplacement de tir dans le minimum de temps.

Ainsi donc, mêmes caractéristiques actuellement, des côtés français et allemand, pour l'installation des mitrailleuses : *emplacement de repos en abri à l'épreuve, emplacement de tir en barbette*, à découvert, et dispositions spéciales pour permettre l'*occupation de l'emplacement de tir dans le minimum de temps*. Ce dernier point présente une importance particulière en raison du faible délai qui s'écoule entre l'allongement du tir, parfois difficile à percevoir, et l'arrivée de la vague d'assaut ennemie.

Mais il y a lieu de penser que la protection obtenue de la sorte par l'éparpillement dans des emplacements à découvert, si elle est actuellement satisfaisante en raison du régime de tir ennemi, se trouve à la merci d'une modification de ce régime. Déjà une note du G. Q. G. français, du 2 septembre 1917, a rappelé l'efficacité du tir fusant sur les positions formées par des entonnoirs. Il n'est pas douteux qu'une note émanant du haut Commandement allemand n'ait préconisé simultanément le même genre de tir. Il faut donc s'attendre à ce que les installations de mitrailleuses en trous d'obus deviennent intenables à plus ou moins longue échéance ; car, s'il est difficile de déterminer leur position exacte, il est relativement facile, par une étude un peu serrée de la carte, de déterminer leur zone probable d'installation.

De toutes les considérations qui précèdent, on peut déduire les conditions auxquelles devront alors satisfaire les nouvelles installations de mitrailleuses. Il y aura toujours un *emplacement de repos en abri-caverne* et une *chambre d'attente* sous béton, mais la position de tir, au lieu d'être constituée par un trou d'obus, sera formée par une cavité dans le béton recouverte par un *cuirassement* capable de se lever et de former *toit* au-dessus de la mitrailleuse en position de tir. Ce cuirassement devra être *léger*, pour pouvoir être facilement manœuvré à bras ou avec des organes mécaniques très simples, tout système plus compliqué courant le risque d'être faussé avant le moment d'entrer en action. Il n'assurera donc la protection que contre les balles de shrapnels et les éclats, ce qui est suffisant au moment de l'assaut. S'il arrive que pendant la préparation d'artillerie l'emplacement de mitrailleuse soit atteint par un projectile percutant, les servants au repos dans l'abri-caverne n'en souffriront pas, le béton sera écorné mais non démoli et quant au cuirassement, il sera déchiqueté et probablement emporté. Aussi faudra-t-il le traiter de façon qu'il soit facilement remplaçable par un cuirassement de secours approvisionné en attente. La légèreté requise pour le cuirassement conduit à lui donner le minimum de surface, c'est-à-dire à rechercher la cavité minima permettant le service de la mitrailleuse avec une amplitude de champ de tir acceptable (en pratique, de l'ordre de 60 à 90°).

Le croquis n° 11, donné à titre d'indication, représente une étude qui paraît satisfaire à ces différents desiderata.

EMPLACEMENT DE FUSILS-MITRAILLEURS. — Les *fusils-mitrailleurs* ne nécessitent pas en général, nous l'avons vu, d'aménagements spéciaux pour leur emplacement de tir. On se gardera donc de s'imposer un travail qui n'est pas indispensable et que l'exécution peut toujours trahir. Ceci n'empêchera pas, bien entendu, d'utiliser, le cas échéant, des emplacements prévus pour des mitrailleuses.

Dans les autres cas, le seul aménagement qui pourrait être recommandé serait l'exécution d'un revêtement de talus plus soigné, dans le double but de repérer l'emplacement de tir reconnu et d'assurer la conservation du parapet.

Par contre, il y aura toujours intérêt à prévoir un emplacement de repos en abri à l'épreuve, soit caverne, soit, mieux, bétonné, avec observatoire à proximité. Dans cet ordre d'idées, le croquis n° 31 représente un *abri bétonné pour poste de guetteur et F. M.* à l'épreuve du 210. Le double débouché présente extérieurement l'aspect d'une traverse qu'une photo d'avion ne permettrait guère de distinguer des autres traverses de la tranchée.

INSTALLATION D'ENSEMBLE DE L'ORGANE DE FLANQUEMENT. — En principe, l'installation d'un organe de flanquement — de mitrailleuses, pour fixer les idées — comprend :

Deux emplacements de tir pour les armes automatiques qui assurent le flanquement ;
Un observatoire pour le chef de groupe ;
Des emplacements de tir pour le soutien ;
Un réseau de protection propre ;
Des abris à l'épreuve ;
Des communications reliant ces différents organes entre eux et leur ensemble au maillage de parallèles et boyaux qui « dessert » le terrain.

Nous venons de voir comment devaient être traitées les *emplacements de tir pour les armes automatiques*. Il y a lieu de prévoir deux emplacements ; car, ainsi qu'il a été dit au Chapitre Ier, les armes automatiques doivent être, autant que possible, jumelées. De plus, chaque arme doit être en mesure d'entrer en action instantanément en cas d'arrêt de l'autre. Cela nécessite que l'arme de secours soit déjà elle-même en position de tir, d'où les deux emplacements prévus. Ceux-ci devront d'ailleurs être suffisamment éloignés pour qu'un même coup ne les atteigne pas simultanément et assez rapprochés entre eux et de l'observatoire pour permettre la commande à la voix ; soit en pratique une trentaine de mètres entre les emplacements de mitrailleuses et une vingtaine de mètres entre chacun d'eux et l'observatoire.

L'*observatoire*, qui est le poste de combat du chef du groupe de l'organe de flanquement, doit avoir des vues suffisantes sur le champ de tir des mitrailleuses et sur le champ de tir du soutien. Il sera, en général, constitué par un puits avec débouché à l'air libre ou mieux sous abri cuirassé démontable pour observateur type S. T. G. ou Saint-Jacques [1] pris dans un bloc de béton.

Les *emplacements de tir pour le soutien* pourront être constitués soit par des éléments de tranchée voisins de l'organe de flanquement et convenablement placés par rapport à lui, soit par des emplacements en trous d'obus avec accès souterrains traités à peu près comme ceux des mitrailleuses.

Des *éléments de réseau* de protection propre compléteront s'il y a lieu le maillage général de réseaux de la position au voisinage de l'organe de flanquement, de manière que les défenses accessoires l'encerclent complètement et facilitent sa défense par le soutien. Ces éléments de réseau devront d'ailleurs être traités très discrètement de manière à ne pas trahir l'installation, dont l'importance justifie pleinement dans ce cas l'emploi de piquets métalliques.

Des *abris à l'épreuve* — en général abris cavernes — serviront de position de repos aux engins et à toute la garnison. Nous renverrons pour le détail de leur exécution aux conférences faites à l'É. I. G. sur les abris.

Les *communications* faisant l'objet du chapitre suivant, il n'en est fait mention ici que pour mémoire.

Une étude très complète de l'installation d'ensemble d'organes de flanquement est exposée dans la note du 22 mai 1917 de la IVe Armée « sur l'établissement des nouvelles organisations défensives » et est partiellement réalisée sur le polygone de la Folie sous le nom « d'îlot de résistance ».

Aux termes de la dite note, la constitution des organes de ce type est la suivante (voir croquis n° 12) :

« En principe, la mitrailleuse assure les flanquements ; le soutien débarrasse les mitrail-

---

[1] Voir plus loin, Chap. IV, « Emploi du béton », le détail de leur installation.

leuses du souci de leur protection personnelle vis-à-vis d'un adversaire qui marche directement sur le point d'appui.

La combinaison des spécialités, grenadiers, V. B., F. M., largement approvisionnées, donne à ce soutien une capacité de résistance considérable pour un faible effectif.

Les emplacements de ces diverses spécialités sont reliés, à l'aide de communications souterraines, à ceux des mitrailleuses. »

« .... les dispositifs comportent un certain nombre d'abris souterrains (abris pour le personnel, P. C., éventuellement P. S., dépôts de vivres, munitions, chambre anti-gaz) assurant à la garnison, outre la protection contre un bombardement prolongé, la possibilité d'une longue résistance. Des galeries ascendantes, terminées par des puits de faible hauteur, permettent aux mitrailleurs et aux diverses spécialités d'accéder rapidement à leurs postes de combat, constitués généralement par des trous d'obus. Les débouchés proprement dits dans ces trous d'obus doivent être soigneusement camouflés. »

« L'accès de la garnison au dispositif souterrain s'effectue au moyen d'une ou plusieurs galeries issues de la ligne de résistance voisine ou de boyaux voisins. En outre, une ou deux communications supplémentaires débouchant à distance, en arrière dans la campagne, permettent une contre-attaque immédiate, en cas d'invasion partielle de l'ouvrage par l'ennemi. »

La seule objection qui ait été élevée sérieusement contre cette conception consiste dans l'importance du travail et la longue durée de son exécution. A cela, on peut répondre que la construction peut en être menée progressivement de manière à réaliser d'abord les emplacements de mitrailleuses avec leurs abris et le P. C., qui en sont les organes essentiels et constituent déjà un tout utilisable. Quand les conditions locales, contrepente, deuxième position, terrain boisé, permettent d'opérer des attaques en surface, le travail en est considérablement accéléré. Enfin, le chantier justifie, par son importance, l'emploi de moyens mécaniques de creusement et d'extraction et rentre dans la catégorie des travaux à confier aux Compagnies du Génie.

L'Instruction G. Q. G. du 22 août 1917 précitée spécifie en effet que, « pour obtenir des unités du Génie tout le rendement dont elles sont susceptibles, il faut :

Appliquer systématiquement aux points spéciaux de l'organisation (organes comportant un grand développement de travaux souterrains ou des travaux de béton, observatoires, abris importants, etc.) toutes les unités qui ne sont pas employées à d'autres travaux spéciaux du Génie, (ponts, mines) ;

Employer le Génie par Compagnies entières ou tout au moins par fractions constituées bien encadrées ;

Le pourvoir d'engins mécaniques appropriés partout où l'emploi de ceux-ci peut être avantageux. »

Dans ces conditions, on peut, comme première estimation, évaluer à environ **7.000** hommes-jours la quantité de travail à fournir pour la réalisation d'un îlot de résistance du type préconisé par la note précitée et comportant une dizaine de puits et 300 mètres de communications souterraines.

Lorsque l'organe de flanquement sera entre les positions et loin de toute organisation apparente, il ne courra, s'il est soigneusement camouflé, aucun risque de subir un tir systématique. Ce sera par exemple le cas d'un organe destiné à appuyer les contre-attaques. Son installation pourra être traitée très simplement mais devra toujours comprendre les aménagements essentiels.

Les emplacements des pièces se réduiront à deux épaulements ou à deux trous d'obus. L'observatoire sera établi en utilisant un abri de guetteur. Les abris pourront n'être qu'à l'épreuve des éclats et les communications se réduiront à des boyaux couverts dont l'exécution comme celle de tout le reste devra être soigneusement camouflée.

Le croquis n° 13 représente le schéma d'une organisation de ce genre réalisée par la couverture de contre-attaques. Les emplacements du soutien (une Escouade) n'ont pas été figurés car ils seraient surtout commandés par les conditions locales.

CHAPITRE III. — **COMMUNICATIONS**

Les communications à l'intérieur des positions comprennent les voies ferrées, les routes, les pistes et les communications enterrées. Il ne sera ici question que de ces dernières, les premières faisant l'objet d'études spéciales.

Les communications enterrées comprennent :

1º Les parallèles et boyaux qui constituent le « maillage » desservant tout le terrain, mentionné dans l'introduction de la présente étude ;

2º Des communications souterraines.

Parallèles et boyaux

Les *parallèles* jouent sur une grande partie de leur développement le rôle de tranchées de tir ; les *boyaux*, au contraire, ne jouent ce rôle que sur des longueurs plus réduites :

Soit pour former soutien d'un organe de flanquement ;

Soit pour flanquer le cloisonnement ;

Soit pour aider au débouché de contre-attaques.

Sous cette réserve, parallèles et boyaux se traitent de façon analogue, soit en tranchées de tir, soit en fossés de circulation[1] ; nous allons examiner successivement ces deux cas.

A. — **Tranchées de tir**

Le *tracé* des tranchées est déterminé, dans le cadre d'ensemble de l'organisation projetée, par la recherche d'une action efficace, par le feu, sur les abords dans la direction de la mission prévue. Autrement dit, le tracé des tranchées doit leur assurer un bon champ de tir. Le minimum auquel on puisse consentir est un champ de tir dépassant notablement le réseau qui couvre la tranchée, c'est-à-dire de l'ordre d'une centaine de mètres.

Le tracé devra en outre rechercher l'action de flanquement.

Pour obtenir ces différents résultats, il devra avant tout se plier au terrain et être déterminé point par point.

Le *profil* actuellement règlementaire, qui est donné par le Manuel du Chef de Section d'Infanterie, est très étroit pour mieux protéger l'occupant. Les règlements allemands relatifs à la guerre de position prévoient au contraire des tranchées très larges pour éviter le comblement et permettre une circulation facile. Ces deux dispositions qui sont figurées croquis nº 14 sont contradictoires et il semblerait plus avantageux d'adopter une solution moyenne qui chercherait à participer aux avantages de chacune des autres. Nous croyons savoir que la deuxième partie de l'Instruction sur l'organisation du terrain à l'usage des troupes de toutes armes — partie consacrée aux détails des travaux et qui est en élaboration au G. Q. G. — consentira un élargissement du profil de la tranchée pour y rendre la circulation plus facile.

La protection contre les coups d'écharpe et la localisation des effets des projectiles,

---

[1] Fossés de circulation que l'Instruction G. Q. G. du 22 août 1917 appelle « sapes ».

s'obtiennent par l'aménagement de *traverses* dont l'épaisseur est au moins égale à 2^m50 et dont la distance varie de 4 mètres à 8 mètres[1].

Le règlement allemand prévoit des distances de même ordre entre les traverses, mais leur donne une largeur au sommet de 5 à 6 mètres. Il préconise en outre, aux points où il importe de ne pas diminuer le développement de la crête de feu, de faire passer la banquette de tir devant la traverse, qui forme ainsi une sorte d'îlot. Cette disposition, qui permet en outre les feux de flanc, est également indiquée à cet effet par le Manuel du Chef de Section (fig. 208).

Les talus à pentes raides des tranchées françaises exigent des *revêtements*, sauf en terrain rocheux. Nous n'insisterons pas sur les différentes sortes de revêtements en gazon, sacs à terre, planches, clayonnages, treillis métalliques, etc., qui sont bien connus des sapeurs. Nous rappellerons seulement que les piquets de retraite des harts doivent être plantés en dehors du prisme de poussée des terres du talus et que la solidité des harts doit être proportionnée à celle des piquets de revêtement et de retraite.

Comme procédés spéciaux pour l'ancrage des harts, nous citerons les *liens en ciment armé* employés au 17e C. A. et les *palettes d'ancrage* employés dans l'armée britannique. Ces deux procédés qui s'emploient : le premier dans la craie et l'argile, le second, dans l'argile, sont figurés croquis n° 15. Ils se mettent en œuvre de la façon suivante :

Liens en ciment armé. — Enfoncer dans le talus, s'il est en argile, une barre à mine à une profondeur suffisante pour que l'extrémité du forage ainsi obtenu se trouve en dehors du prisme de poussée des terres ;

Créer à l'extrémité du forage, en imprimant à la barre un mouvement de rotation, un élargissement en forme de poche ;

Constituer un lien au moyen d'un fil de fer de gros diamètre plié en deux et tortillé, sauf aux extrémités qui restent libres ;

Placer le lien dans le forage, la ganse au fond ;

Couler enfin dans le forage, autour du lien, un mortier de ciment à prise rapide.

Dans la craie, le forage peut s'exécuter à la tarière.

Palette d'ancrage. — Le système se compose d'une palette en tôle de 2^{m/m} d'épaisseur que l'on enfonce à l'aide d'un manche de manœuvre :

Passer le hart en fil de fer dans les trous A et B de la palette ;

Placer la palette au bout du manche et enfoncer le tout à coups de maillet dans le talus ;

Retirer le manche ;

Tirer sur le hart, ce qui fait basculer la palette dont le point d'attache est excentré.

Ce mode d'ancrage pourrait être employé dans le sable.

Enfin, il paraît intéressant de donner, au moins à titre documentaire, la description d'un *revêtement en ciment armé* remarqué dans les lignes allemandes, dans le secteur d'Auberive.

Ce revêtement, figuré croquis n° 16, est constitué par un enduit en mortier de ciment de 3 à 4 centimètres d'épaisseur appliqué sur un grillage métallique. Ce dernier est ligaturé sur une série de fils de fer de 4 millimètres, verticaux, qui pendent de piquets de retraite enfoncés dans le sol en avant de la berme. Le grillage est en outre fixé contre la paroi à revêtir par une série de cavaliers en fer de 4 millimètres, dont les branches ont environ 10 centimètres de long. L'exécution de l'enduit, qui a dû se faire en plusieurs couches, a nécessité l'interposition d'une toile entre l'armature et le talus (probablement sacs à terre développés).

Ce revêtement est d'aspect très propre, mais il paraît peu étudié pour résister à la poussée des terres. Quelques-uns de ceux examinés formaient d'ailleurs ventre et auraient pu gêner le tireur. Enfin, la réparation d'un tel revêtement doit être très délicate.

---

[1] Observation du Général Commandant le Génie :

« Le Général Commandant le Génie pense que la 2e Partie de l'Instruction non encore parue, sur l'*Organisation du terrain*, supprimera les traverses pour ne pas déceler l'emplacement des tireurs. Pour localiser les effets des coups, il faudra alors un tracé tenaillé à petites branches là où il y aura des tireurs.

Signé : BASSENNE. »

L'évacuation des eaux sera étudiée plus loin en détail à l'occasion des boyaux.

L'aménagement des tranchées de tir comprend encore l'*installation des guetteurs*.

Lorsque l'on parcourt d'anciennes organisations allemandes, on remarque l'importance que l'ennemi attache à l'observation, importance qui se trahit par le tracé des lignes et leur aménagement : observatoires, postes de guetteurs, échelles de guet, etc. et qui se justifie d'ailleurs pleinement.

Les installations de guetteurs sont très aisées à réaliser en utilisant les cuirassements établis à cet effet par la S. T. G. en particulier :

La guérite observatoire blindée en tôle et gravier ;

L'abri de guetteur S. T. G.

Le croquis n° 17 donne les détails de ces deux cuirassements.

La *guérite observatoire blindée en tôle et gravier* est constituée d'une série de viroles en tôle formant caisses, pesant chacune moins de 75 kilos et qui sont remplies de gravier ou de déblais rocheux au moment de leur mise en place. On peut reprocher à ce dispositif la hauteur de la calotte qui la recouvre à la partie supérieure et qui en rend parfois le camouflage difficile. Une solution consiste à remplacer cette calotte par un blindage composé de deux plaques de tôle de 3 à 4 millimètres avec interposition d'une couche de sable de 40 millimètres ou de madriers de sapin de 60 millimètres.

L'*abri de guetteur S. T. G.*, du poids d'environ 40 kilos, est très facile à mettre en place, soit directement sur la berne du parapet, soit mieux sur une petite charpente qui forme en même temps le revêtement de la niche du guetteur ménagée dans le parapet. Son camouflage est des plus faciles et son créneau a, pour permettre le tir, un évasement circulaire, masqué normalement par un volet.

Il est bon de doubler chaque installation de guetteur d'un emplacement de nuit permettant d'observer à découvert par dessus le parapet.

B. — Boyaux

Le *tracé* des boyaux est déterminé par :

Les régions et organes qu'ils ont à desservir ;

Les missions de soutien, de cloisonnement et de contre-attaque auxquelles ils ont à concourir;

Le défilement que peuvent leur procurer certaines parties du terrain ;

Les conditions d'évacuation des eaux.

Les boyaux allant dans la direction générale de l'ennemi ont à craindre le tir d'enfilade ; aussi donne-t-on à leur tracé une des formes connues :

Tracé en zig-zag ;

Tracé à crémaillères ;

Tracé à traverses ;

Tracé à traverses tournantes ;

Tracé sinueux.

Pour localiser les effets des projectiles, les alignements droits ne doivent pas, en moyenne, dépasser la longueur de 10 mètres.

Les dimensions du *profil* des boyaux diffèrent suivant leur destination.

Les boyaux principaux d'adduction ont 2 mètres de profondeur et 0 m. 90 à 1 mètre de largeur au plafond. Ces dimensions peuvent être réduites à 1 m. 70 et 0 m. 80 pour les boyaux secondaires.

La largeur des boyaux principaux d'évacuation doit être suffisante pour permettre à un brancard d'y circuler sans peine ; elle est portée à cet effet à 1 m. 50. De plus, les angles droits des tracés à traverses et à crémaillères compliquant la circulation, on adopte toujours le tracé sinueux.

Les *revêtements* des boyaux sont traités comme ceux des tranchées. Mais la proximité des parois permet parfois, dans ceux à faible circulation, de réunir par un chapeau la partie supérieure des piquets de revêtements qui se font face, ce qui remplace les harts supérieurs. Ce dispositif doit être complété par la triangulation de chacun des angles supérieurs au moyen d'un fort coin que deux moises relient à la fois au montant et au chapeau.

Les *aménagements* dont doivent être dotés les boyaux sont :

Des *gradins de sortie* sous forme d'escaliers, d'échelles ou même de rampes. Leur espacement moyen doit être de 100 mètres. Ces gradins sont traités très largement et multipliés aux points où les boyaux doivent servir de places de rassemblement pour une contre-attaque ;

Des *gares d'évitement*, assez longues pour contenir un brancard et ses deux porteurs, c'est-à-dire d'environ 3 m. 50 à 4 mètres. Leur espacement doit être d'environ 50 mètres ;

Des *écriteaux* portant des désignations méthodiques et logiques qui facilitent la circulation.

Une *organisation de défense intérieure* constituée par des barricades, des traverses crénelées et des estrades pour grenadiers. Une organisation de ce type doit être ménagée en particulier à l'arrivée du boyau, à chaque parallèle et, le cas échéant, à chaque groupe de combat. Le boyau est à cet effet rectifié depuis la lisière extérieure du réseau jusqu'au blockhaus de défense, de manière à éviter que l'ennemi puisse s'en servir pour progresser dans la position. Le croquis n° 18 donne un exemple d'organisation de ce genre qui comprend un blockhaus pour tireur, une estrade pour grenadier et, en avant, un dispositif d'obstruction. Ce dernier est réalisé soit par des chevaux de frise en attente, soit par une « porte annamite », sorte de porte à rabattement garnie de ronces.

Il est également recommandé de ceinturer systématiquement tous les carrefours avec défense par triple estrade de grenadiers, suivant les indications du croquis n° 18 *bis*, emprunté au Manuel du Chef de Section.

L'évacuation des eaux dans les tranchées et boyaux est un problème des plus importants, dont dépend la facilité de circulation et par suite une partie de la valeur de la position.

Les eaux de pluie se divisent, à leur chute, en deux parties dont l'une *ruiselle* à la surface du sol et l'autre *s'infiltre*.

Les *eaux de ruissellement* suivent la ligne de plus grande pente et viendraient se déverser dans les tranchées et boyaux si l'on ne prenait la précaution de les recueillir en amont de ceux-ci par une *rigole collectrice* qui les amène au point bas. Là, elles franchissent la tranchée ou le boyau par un *aqueduc*, soit supérieur, soit au niveau du fond, et elles s'évacuent vers l'aval.

Les *eaux d'infiltration* drainées par la communication, et les *eaux de pluie* qui y tombent directement, y coulent vers le point bas. Elles dégradent ainsi le sol et forment avec lui, sous le battage des pieds des hommes, une boue qui s'accroît rapidement.

On s'oppose à ces deux effets :

1° En revêtant de rondins, briques, etc., le fond de la communication si la vitesse et la quantité de l'eau qui s'écoule tendent à le raviner ;

2° En plaçant du caillebotis *avant que la boue ait eu l'occasion de se former*.

L'eau parvenue au point bas, il faut l'évacuer. Plusieurs cas sont à considérer suivant la nature du sous-sol et la pente du sol.

1° *Terrain perméable.* On évacue l'eau par un puisard, suivant les procédés connus ;

2° *Terrain imperméable et de pente supérieure à 2 centimètres par mètre.* On évacue l'eau par une rigole à 1 % partant du point bas ;

3° *Terrain imperméable et de pente comprise entre 2 centimètres et 1 centimètre par mètre.* On cherche à évacuer l'eau par une rigole à 1 %. Mais la grande longueur qu'il faudrait parfois donner à celle-ci conduit dans ce cas à adopter une solution mixte consistant à relever le niveau de la communication, en pratique, à en construire une autre à un niveau plus élevé, ce qui permet d'évacuer l'eau par une rigole moins longue ;

4° Terrain imperméable de pente égale ou inférieure à 1 centimètre par mètre. On recueille l'eau dans de grands puisards et on l'évacue avec des écopes ou des pompes. Dans ce dernier cas, précautions spéciales, c'est-à-dire filtration, pour assurer le libre jeu des clapets.

La dernière hypotèse envisagée conduit à un travail d'épuisement d'eau des plus pénibles. Aussi y a-t-il lieu de chercher à l'éviter le plus possible par un choix judicieux du tracé des tranchées et boyaux.

Communications souterraines

L'utilité et la nécessité des communications souterraines ont été signalées par note G. Q. G. n° 22705 du 26 août 1916 *« au sujet des améliorations à nos organisations défensives nécessitées par les procédés d'attaque actuels »*.

Cette note, constatant la puissance des moyens mis en œuvre dans la préparation d'Artillerie pour l'attaque d'une position, en déduit pour les organisations défensives une série de directives dont les évènements ont jusqu'à maintenant confirmé la valeur.

La conclusion en est la suivante :

« On aboutit en définitive :

« A l'emploi systématique des puits ou galeries comme moyens d'accès aux emplacements de combats ;

« A la réunion des abris d'attente par un réseau de communications souterraines à l'épreuve doublant le réseau des boyaux.

« Ce système souterrain serait à organiser dans le détail de façon :

« A empêcher l'ennemi d'y progresser s'il venait à s'y introduire (défense intérieure) ;

« A le protéger contre l'introduction de gaz toxiques (nappes gazeuses, produits toxiques pouvant être lancés par les entrées des puits ou galeries), contre le jet de grenades, etc.

« La plupart des organes établis actuellement à la surface y prendraient place (postes de Commandement, lignes téléphoniques, dépôts divers).

« Il serait obligatoirement pourvu de l'éclairage électrique, etc.

« La construction d'un tel dispositif nécessiterait un effort considérable. Il ne saurait donc être question de la réaliser sur tout le front à brève échéance. Mais on peut, du moins, commencer les travaux aux points où ils présenteraient un intérêt particulier et en prévoir le développement progressif. L'expérience faite sur certaines parties du front montre qu'avec des moyens réduits on arrive à des résultats importants, à la condition d'avoir un plan et une organisation judicieuse du travail et un bon rendement de la main-d'œuvre. »

Ainsi donc, dès 1916, le G. Q. G. prescrivait l'étude d'organisations souterraines et leur réalisation progressive.

Le faible développement des travaux de ce genre dans nos positions actuelles ne paraît pas avoir répondu à son attente. Il faut en voir les causes dans la pénurie de main-d'œuvre et l'insuffisance d'instruction technique. Néanmoins, il a été réalisé sur notre front un certain nombre d'organisations de ce type dont nous ne préciserons ici ni la situation ni les détails, en raison de la discrétion que comporte un pareil sujet.

Nous préférons emprunter des exemples aux organisations de l'ennemi qui, en ce point comme en beaucoup d'autres, en était arrivé parallèlement aux mêmes conclusions que nous.

Nous citerons comme exemples :

a) Les innombrables communications souterraines qui existent dans le massif crétacé sur lequel se développe le front entre Suippe et Aisne et, en particulier, de la Main-de-Massiges à la Butte-du-Mesnil ;

b) Le tunnel du Mont-Cornillet ;

c) Les tunnels du Mort-Homme.

A. — Tunnels de la Main-de-Massiges et de la Butte-du-Mesnil

Le massif crétacé que couronne le front entre Suippe et Aisne a été l'objet de la part des Allemands de l'exécution d'un réseau de communications souterraines, particulièrement dense dans la région de la Butte-du-Mesnil et de la Main-de-Massiges. Ces organisations se trahissent en général par leur débouché Nord où pénètre une voie étroite qui a servi à l'évacuation des déblais, et souvent par ceux-ci, qui sont déposés en tas extrêmement visibles à proximité immédiate. Il n'en faudrait pas conclure que ces débouchés d'évacuation soient les seuls existants; les Allemands en ont au contraire aménagés beaucoup d'autres qu'ils ont pris soin de ne trahir par aucun déblai.

Parmi les organisations de cette région sur lesquelles nous avons des précisions, on peut citer :

1º Le tunnel du Mont-Macherin, figuré croquis nº 19.

D'après les renseignements de prisonniers, ce tunnel a, vers le Nord, deux entrées principales avec voie étroite et, plus à l'Ouest, plusieurs entrées moins grandes pour les hommes, plus élevées que les premières par lesquelles on entre de plein pied dans le tunnel. Ces entrées conduisent, par une cinquantaine de marches, à une galerie appelée « Ludwigs Stollen » où se trouvent la Compagnie de réserve et le Central téléphonique. De cette galerie, un nouvel escalier descend au tunnel principal. Des P. C. sont dans le tunnel ou à proximité immédiate.

2º Les tunnels de la Main-de-Massiges.

Le croquis nº 20 reproduit un document allemand où sont figurées en vert les communications souterraines existant sous la première position dans un secteur de 700 mètres de front paraissant correspondre à l'occupation par un bataillon. Sur la photo annexée les entrées Nord des différentes galeries sont très facilement repérables en raison de la proximité des tas de déblais. On remarquera que, par son développement, cette organisation correspond littéralement à la phrase de la Note, G. Q. G., précitée : « réunion des abris d'attente par un réseau de communications souterraines à l'épreuve doublant le réseau des boyaux ».

B. — Tunnel du Mont-Cornillet

Le tunnel du Cornillet a été pris par nous aux attaques de mai 1917, pendant lesquelles il a été fortement endommagé. Les renseignements indiqués ci-dessous résultent des recherches effectuées :

1º Par le Génie de la 132ᵉ D. I. (Compagnie 25/54) en juin 1917 ;
2º Par le Génie de la 60ᵉ D. I. (Compagnie 10/63) en septembre 1917.

Le tunnel se compose, comme l'indiquent les croquis 21 et 22, de trois galeries partant du versant Nord du Cornillet. Ces galeries, distantes entre elles de 70 à 80 mètres environ, sont sensiblement parallèles et dirigées N.-S. Elles sont réunies, à une cinquantaine de mètres de leur débouché Nord, par une transversale. Leur longueur, d'après les reconnaissances faites des parties actuellement accessibles, est d'environ 150 mètres.

Il semble d'ailleurs que la construction en était en cours au moment de notre attaque et que le projet définitif devait comprendre des galeries d'environ 400 mètres de développement débouchant sur le versant Sud.

Le faible degré d'avancement expliquerait le nombre relativement restreint de locaux souterrains branchés sur les galeries. Ces locaux sont figurés schématiquement sur le croquis nº 22 d'après un document allemand qui en indique l'affectation.

Les galeries, de section trapézoïdale, ont comme cotes approximatives dans œuvre : 2 m. 30 de hauteur, 1 m. 75 de largeur en haut et 2 m. 50 en bas. Chapeaux, montants et semelles sont constitués par des rondins de 0 m. 15 à 0 m. 25 de diamètre, réunis par des clameaux.

L'ensemble a beaucoup souffert du tir de l'artillerie, tant du fait de notre préparation que de celui de la réaction ennemie après notre progression. Les trois entrées Nord ont été démolies. En outre, il s'est produit à la jonction de la transversale et de la branche Est un effondrement très important intéressant ces deux galeries. Enfin, le fond même de la branche Est n'a pu être atteint par suite de la présence d'un autre effondrement à environ 80 mètres de son débouché Nord.

Ces différentes destructions, jointes à celles que l'ennemi continue à exécuter sur les entrées Nord dont il connaît exactement la position, expliquent les difficultés de la reconnaissance de ce tunnel. C'est ainsi que la 132e D. I. a pu explorer en juin la branche Est, qui paraît maintenant inaccessible, alors qu'en septembre la 60e D. I. reconnaissait la transversale et les branches centrale et Ouest.

C. — Tunnels du Mort-Homme

Dans la zone conquise par le 16e C. A. en août 1917, les Allemands avaient, sur un front de 1.500 mètres, construit trois tunnels portant les noms de Bismark, Kronprinz et Galwitz.

Nous nous bornerons à décrire, d'après des renseignements fournis par le Génie du 16e C. A., le tunnel du Kronprinz qui nous semble le plus intéressant et auquel les autres sont analogues.

Tunnel du Kronprinz. — Ce tunnel relie la Tranchée de Silésie au Ravin du Cumont (voir croquis no 23). Il est constitué, comme l'indique le croquis no 24, par une galerie de direction sensiblement Nord-Sud et d'environ 800 mètres de long dans l'état actuel. Il compte actuellement dix sorties, réparties sur toute sa longueur et une vingtaine de chambres comprenant un P. C., un P. S., une salle des machines et des alvéoles avec couchettes pour environ deux Compagnies. L'aménagement du tunnel comporte encore une protection contre les gaz, — réalisée par des portes placées à toutes les entrées, mais sans dispositif de distribution d'air pur, — et des barrages en planches avec portes pour la défense pied à pied.

Les châssis qui maintiennent le coffrage sont de forme trapézoïdale et constitués d'un chapeau métallique et de montants en rondins. Des cornières fixées sur le chapeau l'assemblent aux montants. Les dimensions dans œuvre de ce châssis mis en place sont 2 m. 65 de largeur en haut, 3 m. 20 en bas et 2 m. 30 de hauteur. Le ciel est coffré avec des planches d'environ 27 centimètres recouvrant plusieurs intervalles. Le coffrage latéral n'est pas continu et est peu soigné. Le contreventement longitudinal est à peu près inexistant. Les entrées sont coffrées en châssis coffrants de 1 m. 10 × 1 m. 80 posés verticalement ; elles sont coudées à angle droit.

Sur le sol du tunnel sont disposées parallèlement une voie de 0 m. 60 et une piste en caillebotis.

A l'entrée Sud se trouve une source qui a été captée et conduite à la sortie Nord par un tuyau de fer. Ce mouvement se fait uniquement par la gravité, car la pente est à près continue du Sud au Nord et sa valeur moyenne est de 12 millimètres par mètre. Au droit de la salle des machines, une dérivation avec vanne permet de remplir un réservoir pour le refroidissement des moteurs.

A la sortie Nord, l'eau était utilisée par les Allemands pour fabriquer des eaux gazeuses.

Les eaux de suintement, assez importantes, s'écoulent vers le Nord dans un grand puisard.

La salle des machines a un ciel en béton de ciment (probablement en ciment armé) ; les parois sont coffrées avec des plaques de fibro-ciment. Le tout est sur radier en béton.

Toutes les machines sont montées sur massif de maçonnerie ou de béton. Elles comprennent :

1o 1 moteur horizontal de 4 HP. environ pouvant actionner :

a) 1 dynamo 12 A. 235 V. fournissant l'énergie pour les perforatrices et l'éclairage des travaux ;

b) 1 compresseur d'air ;

2o 1 groupe électrogène 39 A. 220 V. fournissant l'éclairage du tunnel.

D'après l'officier allemand directeur des travaux, le tunnel, ouvert en août 1916, a été terminé en mars 1917. Commencé à la pioche, il a été continué par cette méthode sur presque tout son parcours. Les bancs de pierre ont été enlevés par pétardement avec trous de mine percés à la perforatrice électrique. Le compresseur installé dans la salle des machines n'aurait pas servi.

120 hommes ont été employés à ce travail, soit 40 au repos et 80 au travail, répartis en trois équipes de 26 à 27 hommes. D'après ces données, le régime était de 8 heures de travail par jour et repos un jour sur trois. Sur ces 120 hommes, 50 étaient des mineurs de profession.

Les déblais ont tous été évacués par la sortie Nord, à proximité de laquelle ils ont été massés en une patte d'oie extraordinairement visible sur les photos d'avions. On utilisait dans ce but la voie de 0 m. 60 placée à l'intérieur du tunnel. Au début, la traction des wagonnets se faisait à bras ; elle se fit dans la suite par chevaux. Elle était grandement facilitée par la pente à peu près continue qui allait du front de taille à la sortie et dont la valeur moyenne était de 12 millimètres par mètre. On obtint ainsi « un avancement atteignant près de 7 mètres par jour.»

Ce chiffre est admissible, si on le considère comme un avancement maximum. L'avancement moyen, d'après les dates de début et de fin, a été d'environ 4 mètres par jour, chiffre un peu inférieur à celui obtenu dans un travail français exécuté dans des conditions tout-à-fait comparables par un effectif moindre et sans pétardements, mais avec emploi de groupes compresseurs.

Pour le transport des matériaux de boisage, un train spécial de voie de 0 m. 60 avait été mis à la disposition de l'Officier directeur des travaux.

La protection du tunnel, abstraction faite de la partie voisine du débouché Nord détruite par notre tir, varie entre 7 m. 25 et 18 m. 75. Les éboulements produits par des obus français de gros calibre sont attribués par le Génie du 16e C. A. principalement à la mauvaise qualité du boisage dont les poteaux ont été renversés par suite du défaut de contreventement.

La protection des débouchés est généralement faible.

Au dire des prisonniers[1] capturés au cours de notre attaque du 20 au 23 août 1917, le Kronpinz-Tunnel abritait de façon permanente un État-Major de Régiment, deux États-Majors de Bataillon, un poste de secours et des cuisines. Le casernement prévu pour deux Compagnies n'était pas occupé de façon normale et ne semble pas l'avoir été le 20 août au matin. Il y avait par contre un nombre considérable d'isolés qui, depuis le début de la préparation, y avaient cherché un abri contre le bombardement.

Dès le 17, l'entrée Nord fut démolie. Le lendemain, un obus de très gros calibre détermina un affaissement près de l'entrée, causant des pertes élevées (une centaine d'hommes). Le 19 au soir, un autre projectile de très gros calibre tomba près de l'embranchement du cul de sac des cuisines (à 250 mètres environ de l'entrée Nord), provoqua un effondrement, écrasa une dizaine de cuisiniers et bloqua les autres.

Tout le personnel occupant le tunnel fut plus ou moins intoxiqué par l'oxyde de carbone dégagé par l'éclatement des obus ; cependant, le 20 août, l'ennemi essaya d'organiser un « semblant de résistance » contre nos détachements qui pénétrèrent par différentes issues.

600 prisonniers environ furent ainsi capturés.

L'épilogue de ces événements se trouve dans l'ordre suivant, du 25 août 1917, émanant du Groupe d'Armée du Kronprinz impérial :

« Il y a lieu de rappeler les prescriptions de l'annexe au règlement sur la guerre de position en date du 10 juin 1917.

« La construction de nouveaux tunnels est interdite une fois pour toutes.

« On devra, au plus tard dès le début de la bataille, faire sauter les grands tunnels qui existent encore, de manière à réduire leur contenance. »

---

[1] B. R. de la IVe Armée, n° 1127 du 4 septembre 1917.

Cet ordre est curieux à plus d'un titre.

D'abord, il donne au problème des communications souterraines une solution excessive qui semble résulter moins d'une étude profonde de la question que d'une réaction violente provoquée par les derniers événements.

En outre, ses prescriptions même donnent à réfléchir. Il admet que l'on attende le début de la bataille pour faire sauter les grands tunnels. Or, le Commandement allemand sait parfaitement les aléas que comporte l'exécution de ces ordres *in extremis*. Admettre ces aléas, c'est donc convenir implicitement que les tunnels sont très utiles.

Enfin, s'il exige la destruction des tunnels, c'est pour « réduire leur contenance ». Ce qui semble montrer qu'il leur reproche non d'avoir plus ou moins bien rempli leur rôle d'abri et de communication, mais d'avoir, comme le Tunnel du Kronprinz, servi de refuge à un nombre considérable d'isolés qui, après un « semblant » de résistance, devinrent 600 prisonniers.

Il est certain que les tunnels, tels que les ont construits les Allemands, présentent de sérieux défauts dont les plus importants sont la *visibilité* et le *faible degré de protection des entrées*. Le problème de l'évacuation des déblais et de l'apport du matériel a conduit à partir en général d'une attaque sensiblement horizontale à flanc de côteau avec raccordement de voie de 0 m. 60. Ce raccordement et le dépôt de déblai, établi sans précautions contre les vues au voisinage même du débouché, ont trahi leur emplacement. La protection de la galerie au voisinage de l'entrée était trop faible pour s'opposer à la démolition par les obus de gros calibres dont l'explosion projetait des gaz toxiques dans le tunnel. Il existait bien d'autres débouchés et des orifices de ventilation ; mais, comme cela a été signalé à propos du Tunnel du Kronprinz, leur protection était très faible ; ils ont été par conséquent facilement obturés par les projectiles.

Est-ce à dire que la construction de tunnels à l'épreuve de tous projectiles soit techniquement impossible ? Nous ne le pensons pas et nous allons examiner ci-dessous comment on pourrait la réaliser.

Les *débouchés* constituent une des parties les plus délicates à protéger. Ils se classent en débouché d'évacuation des déblais et débouchés pour la troupe.

Le *débouché d'évacuation des déblais* sera en général unique et aura son emplacement et sa cote déterminés de manière à assurer dans les conditions de rendement les plus favorables cette évacuation pour tout l'ensemble de l'organisation. Dans cet ordre d'idées, on cherchera à avoir, pour la galerie principale du système, une faible pente uniformément descendante du front d'attaque au débouché. Une voie étroite, raccordée au réseau général, servira à l'apport des matériaux et à l'évacuation des déblais. On camouflera du mieux possible le raccordement de voie qui pénètre dans le souterrain et le débouché de celui-ci. Le tas de déblai sera éloigné de plusieurs écarts probables, et l'on simulera dans son voisinage une fausse entrée de tunnel. L'emplacement du tas de déblai sera surtout choisi par la condition que la manœuvre s'effectue facilement par la gravité.

Malgré toutes les précautions, il faut s'attendre à ce que le débouché soit repéré plus ou moins rapidement et soit pris à parti, en cas d'attaque, par l'Artillerie de très gros calibre. Ce débouché est donc susceptible d'être démoli jusqu'au point où l'épaisseur de terrain qui le surmonte est suffisante ; soit, pour le tir du 420, une épaisseur de 10 m. 50, 12 m. 50 ou 14 m. 50 suivant que le coefficient du terrain se chiffre par 4, 3 ou 2[1]. Toute la partie moins protégée est à considérer comme *inhabitable* dès que commenceront les tirs d'Artillerie de gros calibre, et il y a lieu de la séparer du reste de l'organisation par un *dispositif d'obturation* aussi étanche que possible aux gaz.

Les *débouchés pour la troupe* seront nombreux. Comme il importe qu'ils en soit pas repérés, l'attaque s'en fera par le bas et l'évacuation des terres par le tunnel. Dans les terrains peu consistants où l'attaque par le bas serait dangereuse, on pourra faire l'attaque par le haut

---

(1) Voir « Effets de tir de l'Artillerie », du Capitaine Billiard.

et réaliser l'évacuation par le bas grâce à une coulotte créée au moyen d'un sondage suivant l'axe de la descente. Ces débouchés tireront leur protection de leur dispersion et de leur dissimulation. Sur les dix sorties indiquées croquis n° 24 pour le tunnel du Kronprinz, il semble, d'après nos renseignements qu'il n'y en ait eu que trois de démolies.

Il ne faudrait cependant pas trop compter sur l'efficacité de ce moyen qu'un tir systématique sur zone pourrait mettre en défaut. La solution la plus complète semble être de protéger l'escalier de sortie par une *gaine en béton* et de le faire aboutir au voisinage du sol dans une *chambre d'attente en béton*. Cette chambre peut faire partir de l'émergence en béton de l'organe essentiel d'un des groupes de combat que dessert l'organisation souterraine. Ce peut être également l'abri d'attente d'une troupe de contre-attaque. Dans tous les cas, elle sera aménagée pour permettre la *défense propre du débouché* et sera pourvue de *dispositifs de protection contre les gaz*.

Suivant l'importance du mouvement prévu dans la descente, celle-ci pourra être traitée en galerie à 1/1 ou en puits incliné à 3/1 sur la verticale. Le bétonnage avec amenée du béton par le bas est certainement très délicat, mais ne paraît pas techniquement impossible, surtout si l'on dispose de treuils électriques. On le facilitera en constituant le coffrage par des couronnes horizontales en madriers, qui seront montées au fur et à mesure de l'avancement du bétonnage, — couronnes qui pourront être étayées contre les parois au moyen d'étrésillons en fer cornière que l'on abandonnera dans la masse. — Il sera d'ailleurs bon de veiller à ce que le béton ne soit pas trop liquide, de le damer fortement et de le monter lentement.

La protection contre les gaz comprendra d'abord un système de sas pour isoler de l'extérieur toute la partie absolument à l'épreuve de l'organisation.

En raison de l'énorme volume représenté par le cube d'air que celle-ci contiendrait, la respiration serait possible pendant un temps relativement considérable avec ce seul moyen de protection. Mais la solution complète consistera à prévoir une ventilation artificielle par insufflation d'air pris à l'extérieur et qui passera, en cas de nappe toxique ou de bombardement par obus asphyxiants, sur un filtre chimique (genre caisse filtrante Leclercq). Cette ventilation pourrait d'ailleurs ne desservir qu'une sorte de réduit intérieur où seraient groupés les organes essentiels.

Enfin il y aura lieu de préparer la lutte contre l'oxyde de carbone, c'est-à-dire de constituer un approvisionnement d'appareils détecteurs Desgrez et d'appareils de protection à réserve ou régénération d'oxygène. Voir pour plus de détails l'étude du Lieutenant Bonneau sur les « Moyens de protection contre les gaz asphyxiants ».

L'alimentation en eau sera en général facile à assurer par puits ou captage de source. Quant aux *évacuations*, elles se feront par gravité le long du débouché d'évacuation des déblais avec aménagement d'un siphon dans le cloisonnement à partir duquel ce débouché est condamné.

Enfin, pour jouer un rôle décisif, il faudrait que ces organisations souterraines se prolongent assez loin vers l'arrière pour sortir franchement de la position qu'elles desservent. Traitées avec un trop faible développement, elles peuvent être encerclées dès le premier choc et ne résistent alors qu'en proportion de l'énergie du défenseur. Tandis que, suffisamment longues, elles continuent à être en relation avec les troupes amies et, par les contre-attaques qu'elles permettent, rendent la situation de l'ennemi très précaire.

Bref, en dépit de la défaveur dont ils jouissent actuellement chez les Allemands, les organisations souterraines du type *tunnel* peuvent être construites à l'épreuve et n'ont rien perdu de leur valeur comme accès aux emplacements de combat et comme moyen de liaison des abris d'attente des troupes et des organes de Commandement.

Toutefois, l'*Instruction G. Q. G., du 22 août 1917* paraît moins affirmative que la *Note du 26 août 1916* sur l'extension à leur donner et ne prévoit l'emploi des communications souterraines que :

Dans l'organisation des organes détachés du réseau des tranchées et des boyaux (liaison des éléments des groupes de combat entre eux, galeries d'accès aux groupes de combat en partant des boyaux ou parallèles voisins) ;

Dans la réunion des abris voisins pour procurer ainsi à chacun d'eux le bénéfice de nombreuses issues ;

Dans le franchissement de certains passages dangereux (au lieu du boyau).

Nous sommes donc amenés à conclure que, bien que la construction d'organisations souterraines type tunnel soit une des solutions les plus satisfaisantes de l'organisation défensive du terrain et qu'il soit techniquement possible de construire des tunnels à l'épreuve avec émergences en béton, le Commandement paraît actuellement vouloir limiter l'emploi des communications souterraines aux *éléments d'accès et de liaison des groupes de combat*, à la *réunion d'abris voisins* et au *franchissement de certains passages dangereux*.

Même réduite à ces proportions, la construction des communications souterraines correspondra encore à un gros effort dont on ne viendra à bout qu'à condition de suivre un plan bien arrêté et d'y consacrer une main-d'œuvre exercée, c'est-à-dire des Compagnies du Génie dotées de l'outillage approprié.

Les règles à suivre dans la construction seront les mêmes que celles indiquées plus haut pour les tunnels à l'épreuve, réserve faite au sujet des épaisseurs protectrices au cas où l'improbabilité d'attaque par l'Artillerie de très gros calibre permettrait de les réduire.

Quant aux détails d'exécution ils seront semblables à ceux rencontrés dans la construction des *abris* aux études desquels il y aura lieu de se reporter.

CHAPITRE IV. — **BÉTON : SA FABRICATION, SON EMPLOI**

Utilité et efficacité du béton

L'utilité et l'efficacité du béton ont été et sont encore parfois discutées. Pour trancher la question par l'affirmative, nous nous appuyons sur :

1° Les effets du tir de l'Artillerie allemande sur notre fortification bétonnée de Verdun ;

2° Les effets de notre tir d'Artillerie sur les bétonnages allemands.

Les effets du tir de l'Artillerie allemande sur notre fortification bétonnée de Verdun ont été mis en évidence dans le remarquable rapport du Lieutenant-Colonel Benoit « au sujet des effets du bombardement sur les fortifications de Verdun ». L'étude a porté sur les trois types de construction résultant des renforcements successifs de la place avant la guerre :

a) Maçonnerie de moellons de calcaire d'une épaisseur de 1 mètre à 1 m. 50, recouverte d'une couche de terre de 2 à 5 mètres.

Ce type correspond aux organes de la fortification avant 1885, date de l'apparition des obus explosifs.

b) Locaux en même maçonnerie renforcée d'une couche de béton de 2 m. 50 d'épaisseur (parfois moindre) avec interposition d'une couche de sable de 1 mètre d'épaisseur.

Ce type correspond au renforcement des locaux *a*), déjà existants, par adjonction d'une carapace en béton avec interposition d'un matelas de sable.

c) Locaux à piédroits en béton spécial et à couverture constituée par des dalles en béton armé d'épaisseur variable.

Ce type correspond aux constructions les plus récentes de la fortification permanente.

Pour la question d'ordre général qui nous occupe, l'utilité et l'efficacité du béton, la conclusion de ce rapport (sur lequel nous reviendrons d'ailleurs au cours de cette étude) est que :

« Même après les bombardements les plus violents, les forts bétonnés de Verdun ont gardé une grande partie de leur valeur et en particulier toutes leurs propriétés actives. »

Les effets du tir de notre Artillerie sur les bétonnages allemands ont été maintes fois constatés au cours des récentes progressions. Les résultats sont publiés dans les Armées par les Bulletins de renseignements établis par les 2es Bureaux. Toutefois, on ne pourrait nier que si l'ensemble de ces renseignements donne l'impression de la résistance victorieuse du béton, il y est fait parfois mention de locaux bétonnés complètement écrasés par notre tir. En réalité, cette contradiction est plus apparente que réelle et la cause va en être mise en évidence dans l'examen du *Bulletin de Renseignements de la IVe Armée*, en date du 1er septembre 1917.

L'Annexe à ce *B. R.* comprend d'abord la traduction d'une Instruction allemande, du 21 février 1917 prescrivant l'emploi du béton, mais spécifiant : « Seul, le béton préparé selon les règles résiste au bombardement. Les cubes de béton ne résistent pas ».

Cette traduction est suivie d'un commentaire français rédigé après notre progression dans la position allemande :

« Le béton, dit ce commentaire, dont l'emploi est préconisé dans la Note (allemande précitée), a été largement utilisé dans les conditions prescrites et l'expérience qui vient d'être faite montre bien que le « béton préparé selon les règles » résiste aux bombardements. On peut déjà citer les Batteries 47/80 et 47/83 (bois de La Ferme). La première correspondait vraisemblablement à 4 pièces à découvert ou faiblement casematées, dont les emplacements, aujourd'hui complètement bouleversés, étaient séparés par des abris en béton ; la deuxième était constituée par deux pièces dont les emplacements étaient ménagés dans un travail en béton coulé qui apparaît aujourd'hui comme un seul bloc d'une quinzaine de mètres de longueur. »

« La première a subi trois tirs d'obus de 220, de 250 coups chacun ; la deuxième a subi un tir de 30 coups de 220. Or, sur six abris bétonnés en 47/80, un seul a été légèrement entamé et le bloc de 47/83 reste presque intact (les positions n'en étaient pas moins devenues inoccupables par l'Artillerie). »

« L'expérience vient également de vérifier que les constructions en dalles ou en blocs de béton, préparés à l'avance et séparés, ne résistent pas aux tirs de destruction de l'Artillerie lourde. »

Ainsi donc, le béton résiste aux tirs de destruction de l'A. L. à condition qu'il soit préparé selon des règles déterminées.

Composition du béton

La caractéristique du béton préparé, *selon les règles,* c'est de former un *monolithe d'une grosse masse.* Sa réalisation exige que la construction en soit faite *avec soin* et en utilisant des *matériaux d'excellente qualité.*

La condition de former un monolithe d'une grande masse est primordiale pour le béton, car c'est elle qui l'a fait choisir après 1885 pour remplacer, dans la construction des locaux de la fortification, la maçonnerie dont les matériaux, sous l'effet des projectiles explosifs, se disloquaient suivant les joints. C'est la réalisation de cette condition qui régit tous les détails de la fabrication.

L'emploi du béton dans la fortification se fait sous deux variétés : le béton spécial et le béton armé.

Béton spécial

DOSAGE. — Les quantités de matériaux qui entrent dans un volume d'environ 1 mètre cube de béton mis en place sont les suivantes :

Cailloux	900 litres
Sable	300 litres
Ciment	400 kilos
Eau	150 litres environ

Cette proportion a été employée dans tous les bétonnages de la fortification permanente ; elle a donc la sanction de l'expérience. Elle n'est d'ailleurs qu'approximative et doit être légèrement corrigée au cours de l'exécution suivant la nature et les dimensions des matériaux que l'on emploie de manière que le mortier remplisse exactement les vides entre les cailloux.

On pourra forcer un peu en *mortier*, comme il sera indiqué plus loin dans l'exécution du béton armé, dans les régions où les armatures sont les plus denses, pour augmenter l'adhérence du béton sur elles. On pourra également forcer en *ciment*, dans la proportion de 1/2, pour la partie supérieure des bétonnages, pour constituer une *couche d'éclatement plus dure* et faciliter l'exécution, par lissage, d'une *chape étanche*.

Les Allemands emploient des dosages plus riches en sable et moins riches en ciment, ainsi qu'il ressort du tableau comparatif ci-dessous, établi d'après les données du règlement relatif à la guerre de position (1re Partie, Section B, no 54) et où les quantités correspondent approximativement à 1 mètre cube de béton mis en place.

TABLEAU COMPARATIF DES DOSAGES DE BÉTON

NATURE DES MATÉRIAUX	BÉTON		
	SPÉCIAL FRANÇAIS	SPÉCIAL BOCHE	ARMÉ BOCHE
	litres	litres	litres
Cailloux	900	800	600
Sable	300	400	600
Ciment	330	200	300

CHOIX DES MATÉRIAUX. — La notice S. T. G. du 10 août 1915 sur « *l'emploi du béton spécial et du béton armé dans la fortification de campagne* » définit ainsi qu'il suit les conditions auxquelles doivent satisfaire les matériaux :

a) Sable. — Le sable doit provenir de roches très dures, autant que possible siliceuses ; ses grains peuvent être durs ou rugueux ; il doit être parfaitement purgé d'argile et de toute matière étrangère ; il doit crier à la main ; il faut le laver avec le plus grand soin ; la plus grande dimension des grains ne doit pas dépasser un centimètre.

Il faut donc cribler le sable avec un tamis d'une maille par centimètre carré, mais il ne faut pas employer des sables trop fins (moins de 2 millimètres). On peut employer avantageusement le sable tout venant (grains fins et gros) criblé comme il est indiqué ci-dessus.

b) Cailloux. — On ne doit employer que des cailloux ou des mélanges de cailloux provenant de roches ou de matériaux très durs et très denses (granit, porphyres, silex, pierres siliceuses, scories de hauts-fourneaux, calcaires ou grès très durs, etc.), à l'exclusion des calcaires tendres, grès poreux, etc.

Les cailloux peuvent être sous la forme de galets, de pierres cassées ou de scories très dures.

Il n'est pas nécessaire que la grosseur des éléments soit uniforme ; elle peut varier de 2 centimètres à 7 centimètres ; mais on doit rechercher un mélange contenant une forte proportion d'éléments se rapprochant de la limite supérieure.

On peut utiliser le gros gravier tout venant passant à la claie de 7 centimètres de grosseur de maille.

Les cailloux doivent être débarrassés de toute matière étrangère : terre, calcaire tendre, débris divers, etc.

c) Ciment. — Pour les travaux en béton spécial ou en béton armé, on doit employer le ciment portland artificiel à prise lente, de très bonne qualité, non éventé et ne contenant pas dans sa masse de parties ayant déjà fait prise.

Les ciments à prise rapide sont à rejeter en raison des difficultés de gâchage et parce qu'ils donnent des résistances bien inférieures à celles des ciments à prise lente.

Parmi les ciments à prise lente répondant aux conditions ci-dessus, on recherche les ciments à très fine mouture qui présentent une grande rapidité de durcissement et dont les mortiers ont, trois jours après le gâchage, une résistance bien supérieure à celle du mortier de ciment ordinaire après sept jours.

La S. T. G. a fait étudier une variété de ciment dit « ciment fondu » qui s'emploie comme le portland ordinaire mais possède sur lui l'avantage de durcir beaucoup plus rapidement, ce qui est avantageux pour la fortification de campagne. Il a déjà été livré une certaine quantité de ce ciment aux Armées.

Béton armé

Le béton armé se compose de béton spécial dans lequel sont noyées des *armatures métalliques*. Ces armatures sont, en général, constituées par des *quadrillages horizontaux* composés de barres d'acier rondes, de 10 millimètres de diamètre, disposées en mailles carrées de 10 centimètres de côté. Les barres sont terminées à chaque bout par un crochet de 10 centimètres environ de côté. Les quadrillages horizontaux successifs sont espacés verticalement de 0^{m}15.

A défaut de barres de 10 millimètres, on peut employer des armatures de sections différentes : on modifie alors la dimension des mailles, et au besoin l'espacement des quadrillages, de manière à obtenir un poids de 80 kilogrammes de métal par mètre cube de béton.

Réserve faite des cas qui seront étudiés plus loin, il n'y a pas intérêt à dépasser ce poids de 80 kilogrammes d'acier par mètre cube, qui doit même être considéré comme un maximum. Le Lieutenant-Colonel Benoît, examinant les effets du 420 sur le béton armé, écrit à ce sujet, dans son rapport précité :

« .... les barres de fer du béton armé sont le plus souvent décapées. Il ne reste autour d'elles aucune trace du béton dans lequel elles étaient noyées. Il semble que l'armature en fer ait facilité la dislocation de la masse du béton, probablement parce que les vibrations dues au choc violent et à l'éclatement du projectile se sont produites avec des intensités et des vitesses différentes dans le fer et le béton, amenant ainsi la séparation de ces deux matériaux. On remarque d'ailleurs en général autour des parties atteintes par les projectiles un décollement des couches successives de béton accusé par une apparence feuilletée. Aussi le béton armé détruit a-t-il été fragmenté en morceaux de petit volume, souvent même a-t-il été pulvérisé. »

« Dans le béton spécial, le projectile de 420 peut crever les piédroits, les voûtes et les dalles ; il les sectionne la plupart du temps en gros blocs, dont quelques-uns mesurent souvent plus d'un demi-mètre cube. »

On a conclu de cet exposé que les constructions en béton spécial offrent une résistance supérieure à celle des constructions en béton armé. Il semble qu'une telle conclusion est inexacte si on l'applique à des massifs de béton de même épaisseur. A l'ouvrage de Charny, en effet, suivant le même rapport, la dalle de la casemate de Bourges, qui est en béton armé et a 1 m. 75 d'épaisseur, a reçu près du piédroit un projectile de 420 qui n'a déterminé sur l'intrados qu'un fléchissement presque insensible, les dernières couches de béton armé paraissant intactes.

Il paraît donc indiscutable que, à épaisseur égale, le béton armé résiste mieux que le béton spécial ; tout ce qu'on peut conclure des considérations ci-dessus, c'est qu'il n'y a pas intérêt à augmenter au-delà d'une certaine limite, qui sera pour nous 80 kilogrammes par mètre cube, la quantité d'acier incorporée dans le béton, par crainte de voir cet excès d'acier faciliter la désagrégation de l'ensemble.

Les Allemands, qui admettent un dosage d'acier de 100 kilogrammes par mètre cube, écrivent dans leur règlement : « par l'emploi du béton armé, la force de résistance croît notablement ; avant tout, la construction tout entière reçoit une cohésion plus intime. »

Les armatures par quadrillage indiquées ci-dessus correspondent à toute la masse du béton armé. Elles sont complétées, — parfois suppléés — comme suit, dans certaines régions des dalles et des piédroits.

ARMATURE DE L'INTRADOS. — Le choc et l'explosion des projectiles sur les voûtes et dalles tendent à provoquer à l'intrados le détachement de *ménisques de béton* assez importants. Ceux-ci peuvent atteindre les occupants et, en tout cas, les impressionnent fâcheusement en leur faisant croire à la percée du massif protecteur. Pour parer à ce danger, on préconise de constituer l'armature de l'intrados par une sorte de *plancher métallique*[1]. Cette disposition présente en outre l'avantage d'armer fortement la partie inférieure de la dalle, partie qui doit résister à de gros efforts de traction.

A cet effet, l'armature inférieure est composée, comme l'indique le croquis n° 25, d'une série de *poutrelles en fer* I en P. N. de 15 à 20 centimètres, disposées transversalement, c'est-à-dire suivant la plus petite dimension de la chambre à couvrir. Ces fers doivent avoir une longueur suffisante pour reposer d'une vingtaine de centimètres sur chaque piédroit. Ils ne sont pas jointifs, mais sont distants, au contraire, d'une vingtaine de centimètres d'axe en axe, pour pouvoir être parfaitement enrobés par le béton et faire réellement partie du « monolithe ». Règlements français et allemands sont d'accord, sinon sur la distance, du moins sur la nécessité de réaliser cette dernière condition. Pour former coffrage et éviter en même temps le détachement de ménisques entre deux fers consécutifs, on fait reposer sur leurs ailes inférieures une *bande de tôle* plane ou ondulée qui règne seulement au-dessus du vide.

Remarquons que ces fers I peuvent être remplacés par des rails, de préférence à patin.

La première couche de fers indiquée ci-dessus est indispensable; il est bon de la doubler d'une autre, disposée perpendiculairement à la première et espacée d'elle d'une quinzaine de centimètres. Les bandes de tôle indiquées ci-dessus sont inutiles dans cette seconde couche et seraient même nuisibles car leur continuité séparait en deux le massif de béton.

L'emploi de *coffrages métalliques* — en particulier de tôles fortes ondulées planes ou cintrées — donne un autre moyen de réaliser pour l'armature de l'intrados le *plancher métallique* dont l'utilité a été indiquée ci-dessus.

ARMATURE DE L'EXTRADOS. — L'armature des dalles et voûtes, et plus généralement de tous les massifs bétonnés est renforcée au voisinage de l'extrados pour s'opposer à la *pénétration des projectiles*. On double à cet effet le nombre des barres d'acier qui entrent dans la composition des deux derniers quadrillages horizontaux, dont les mailles ont ainsi un côté moitié moindre.

ARMATURE DES PIÉDROITS. — Les piédroits ou murs, exposés au tir de l'Artillerie et protégés ou non par un massif de terre et de rocaille, ont, outre les quadrillages horizontaux, dont les barres peuvent être espacées de 0 m. 15, les armatures spéciales indiquées ci-dessous.

Les *parements* externe et interne sont exposés respectivement l'un au choc et à l'explosion du projectile, l'autre au détachement consécutif d'un ménisque. On s'oppose à ces deux effets en armant chaque parement d'un *quadrillage vertical* à mailles carrées de 0 m. 15 de côté et constitué avec des barres horizontales de 10 millimètres de diamètre. Au cours du bétonnage, on prend soin comme l'indique le croquis n° 26 de relier l'un à l'autre ces deux quadrillages à travers la masse du béton, en les prenant chacun par un des crochets qui terminent les barres transversales des quadrillages horizontaux.

Les quadrillages des parements interne et externe montent respectivement jusqu'à l'intrados et l'extrados.

Comme pour l'intrados des dalles, ces armatures peuvent parfois être avantageusement remplacées par des coffrages en tôle forte ou mince, plane ou ondulée.

---

[1] L'incorporation dans la masse de béton de lits de rails ou poutrelles est admise par la Notice S. T. G. du 10 août 1915 précitée.

Outre ces armatures des parements, le piédroit doit encore recevoir une autre armature, sorte d'*ancrage* destiné à le solidariser avec la dalle et parfois avec le radier.

Aux termes de la notice du 10 août 1915 précitée, on réalise cette armature de la façon suivante :

« Du côté du parement extérieur seulement, placer deux nappes verticales parallèles au parement et formées de fers de deux centimètres de diamètre espacés de 0 m. 30 dans chaque nappe ; ces nappes sont respectivement à 0 m. 15 et à 0 m. 30 du parement extérieur ; d'une nappe à l'autre, les barres sont disposées en quinconce.

« Toutes ces barres de deux centimètres sont prolongées à leur partie supérieure de manière à pénétrer aussi loin que possible dans la voûte ou dans la dalle portée par le mur. »

Cette disposition représentée croquis n° 26 est parfois difficile à respecter rigoureusement parce que la mise en place du béton tend à chasser les barres verticales contre le parement externe, ce qui présenterait le gros inconvénient de donner une accumulation de fer avec défaut d'enrobement. Aussi est-on quelquefois conduit, soit à éloigner davantage les nappes du parement extérieur, soit à les constituer de barres de plus fort diamètre et en moins grand nombre.

Les piédroits non exposés aux coups et les cloisonnements intérieurs qui n'ont à subir que le souffle des projectiles ne reçoivent pas l'armature en barres de 0 m. 20 dont il vient d'être question, mais il est bon de prolonger à travers le radier et la dalle les armatures de leurs parements qui forment ainsi ancrage.

En cas de manque d'acier, on aurait à modifier les indications données en tenant compte de ce que les armatures se classent par ordre d'utilité décroissant :

1° Intrados de la dalle
2° Ancrage de la dalle dans les piédroits } toujours indispensables ;
3° Extrados de la dalle ;
4° Parements internes des piédroits ;
5° Parements externes des piédroits ;
6° Armature intérieure de la dalle ;
7° Armature intérieure des piédroits.

Fabrication et mise en place du béton

L'idée directrice qui régit la fabrication et la mise en place du béton, c'est de réaliser la *continuité*, indispensable pour former réellement un monolithe.

APPROVISIONNEMENT DES MATÉRIAUX. — Pour éliminer le risque d'interruption, résultant d'un retard d'approvisionnement, on doit avant le bétonnage réunir à pied d'œuvre tous les matériaux nécessaires y compris l'eau. Leur quantité est calculée d'après les chiffres donnés pour le dosage. Mais pour l'eau, il est bon de porter l'approvisionnement à 200 litres au moins par mètre cube, pour pouvoir humidifier les cailloux comme il sera dit plus loin.

Les fers des armatures doivent être également coupés de longueur, crochetés et engerbés soigneusement par échantillons de même longueur. Le pliage s'obtient facilement à froid avec un levier *ad hoc,* sauf peut-être pour les barres de diamètre égal ou supérieur à 20 millimètres qu'il faut plier à chaud.

EXÉCUTION DU COFFRAGE. — Le coffrage constitue les parois de charpente entre lesquelles et sur lesquelles est coulé le béton. C'est le coffrage qui ménage les vides intérieurs du massif bétonné. Il doit être exécuté avec soin et dans tous ses détails car la dureté du béton est telle qu'il est très difficile d'obtenir après coup une cavité oubliée.

Le coffrage comprend des couchis ou bastaings qui prennent appui sur des poutrelles.

L'ensemble doit être solidement étayé pour supporter la charge imposée par la masse de béton liquide.

L'emploi de coffrages métalliques pour les parements et l'intrados simplifie l'exécution de la charpente.

Enfin, dans la construction de massifs enterrés, le coffrage extérieur peut souvent être constitué tout simplement par la paroi de la fouille, si le sol est consistant et si on a donné un certain fruit à cette paroi. Il est bon dans ce cas de protéger les lèvres de la fouille par un petit tablier en madriers pour éviter les éboulements. Un exemple de ces dispositifs sera donné plus loin au sujet du bétonnage d'un observatoire.

PRÉPARATION DU BÉTON. — Préparer d'abord sur une aire en planches d'abord le mortier, puis le mélanger aux cailloux.

1º *Mortier*. — Mélanger intimement à sec le ciment et le sable, puis ajouter peu à peu la quantité d'eau nécessaire, en gâchant l'ensemble à la pelle ou au rabot. Cette quantité a été atteinte lorsque le mortier pris et serré dans la main se fait facilement en boule, en laissant suinter l'eau légèrement, et lorsqu'une boule de mortier de 3 à 4 centimètres de diamètre, tombant sur l'aire d'une hauteur d'un mètre, présente une surface convexe non étalée ni fendillée.

2º *Béton*. — Mélanger intimement à la pelle et à la griffe mortier et cailloux, ces derniers mouillés mais égouttés.

Le béton se prépare par ateliers brassant de un tiers à un demi-mètre cube à la fois. Le nombre d'ateliers fonctionnant simultanément est calculé de manière que leur débit soit tel qu'une nouvelle couche de béton recouvre la précédente avant que celle-ci est fait prise (continuité), en pratique avant 3 heures.

On peut bétonner par un froid modéré (température voisine de 0º) mais non par les fortes gelées [1].

La préparation du béton s'effectue le plus près possible du lieu d'emploi pour réduire au minimum le temps nécessaire au transport. Toutefois, le chantier correspond à un certain encombrement dont il n'est pas toujours possible de trouver la place ni le défilement à pied d'œuvre, ce qui conduit à l'éloigner un peu. Une distance de 2 à 300 mètres est admissible si l'on dispose de moyens de transport suffisants.

TRANSPORT DE BÉTON. — En principe, le transport de l'aire de fabrication au lieu d'emploi doit se faire par voie de 0m 40. C'est le mode de transport donnant le rendement le plus intéressant.

En pratique, les conditions locales peuvent imposer un mode de transport différent, tel que, par exemple, le portage par chaîne d'hommes avec des paniers, qui a été employé pour les casemates hexagonales construites d'après les instructions du général Bassenne (voir plus haut, Chap. II).

Lorsque le transport se fait par voie de 0m 40, les voies doivent être disposées de manière à permettre au wagonnet de basculer directement dans la fouille. Il importe en effet d'éviter les reprises du béton qui facilitent la séparation de ses matériaux. Il est bon de protéger, au voisinage du point de basculement, l'arête du sol par quelques planches pour éviter que des blocs s'en détachent et viennent se mélanger au béton.

COULAGE ET RÉGALAGE DU BÉTON. — Le béton, versé dans la fouille, est régalé à la pelle par couches de 0 m. 15, en prenant soin de remalaxer les éléments qui se serait dissociés. Les coulées se font toujours à peu près horizontalement, même quand les dalles sont fortement inclinées.

---

[1] On a parfois bétonné par forte gelée en ajoutant à l'eau un produit qui en abaisse le point de congélation.

DAMAGE. — Damer énergiquement la couche, dans toutes ses parties, avec des dames rondes en fonte (15 kilogr.), jusqu'à ce que tous les cailloux aient disparu dans le mortier qui reflue.

MISE EN PLACE DES ARMATURES. — Mettre en place les fers ronds des quadrillages ou les poutrelles, suivant les *plans de pose* prévus dont le chef de chantier doit avoir en permanence un exemplaire. Aller vite pour ne pas retarder la coulée suivante. Pour cela, avoir classé et étiqueté avec beaucoup d'ordre les différentes longueurs de barres à utiliser. Si la surface est petite, on peut préparer le quadrillage à l'avance, le ligaturer et l'apporter en bloc.

CHAPE. — Former de gravier fin et enrichir à 600 kilogrammes de ciment par mètre cube la dernière couche de béton, de manière à constituer une chape que l'on lisse à la truelle. Elle assure l'étanchéité de la couverture.

CAS D'INTERRUPTION DANS LE BÉTONNAGE. — En principe, toute couche de béton doit être recouverte d'une nouvelle couche dans un délai qui doit être aussi court que possible et, en tout cas, notablement inférieur à la durée moyenne de prise du ciment qui est de trois heures environ. Si l'interruption de travail est imposée par les circonstances (conditions tactiques, coffrage à installer, etc.) préparer la liaison du bloc à venir au bloc coulé en amarrant dans ce dernier une *forte armature verticale* en barres d'acier rond de 20 millimètres de diamètre traitée comme cela a été indiqué ci-dessus pour l'ancrage reliant la dalle aux piédroits. Nettoyer en outre soigneusement la surface de contact au moment de la reprise; la balayer énergiquement avec un balai dur, la laver à grande eau et la badigeonner avec un coulis de ciment pur. Certains constructeurs recommandent de commencer la reprise par une *couche de mortier* avant de placer le béton proprement dit.

Enfin, il est bon de ménager dans les surfaces de contact des *gradins* disposés de telle façon qu'ils s'opposent aux déplacements relatifs des masses de béton sous la poussée des projectiles.

DÉCOFFRAGE. — A moins de nécessité, attendre 10 jours avant de décoffrer. Cette opération est d'ailleurs considérablement simplifiée si l'on a constitué le coffrage de manière qu'il puisse en grande partie rester définitivement en place. Ce sera par exemple le cas des coffrages métalliques d'intrados préconisés ci-dessus.

ORGANISATION DU CHANTIER. — La continuité, indispensable pour obtenir un monolithe, conduit à *l'embrigadement* des travailleurs dès que le cube à bétonner est un peu important.

Dans chaque brigade, on organise le *travail à l'avancement*, avec fractionnement en équipes spéciales pour :

La préparation du béton ;
Le transport du béton ;
Le régalage du béton ;
Le damage du béton ;
La mise en place des armatures.

Le rendement moyen d'un effectif de *40 hommes*, dans les conditions normales du front, est de *2 mètres cubes à l'heure* pour la préparation et la mise en place du béton.

Étude de cas concrets

A. — Construction de 26 casemates hexagonales en béton armé

Ces casemates sont du type figuré croquis n° 6, dont il a déjà été fait mention. Les indications qui suivent, et qui concernent surtout le bétonnage, sont empruntées aux notes n° 9088/3 et n° 9127/3 des 24 et 25 octobre 1917 du Génie de la IV° Armée, auxquelles on devra se reporter pour plus amples détails.

CONCEPTION D'ENSEMBLE DE LA CONSTRUCTION. — La casemate, composée de deux chambres superposées, pouvant se prolonger en communication souterraine par un puits, est constituée principalement par une dalle et des piédroits en béton armé.

Les épaisseurs sont de 1 m. 20 pour la dalle, de 1 mètre ou 0 m. 60 pour les piédroits, selon qu'ils sont ou non exposés aux coups directs. Le cube des piédroits est d'environ 16 mètres cubes et celui de la dalle 12 mètres cubes, soit au total 28 mètres cubes.

COFFRAGE. — Le coffrage a été traité comme l'indique le croquis n° 27 de manière à être aussi démontable et réemployable que possible. Cette condition conduit à une certaine complication dans sa construction mais se justifie en raison du grand nombre de casemates du même type à construire.

Il se décompose en ceintures extérieure et intérieure.

Au-dessous de la cote du sol, la *ceinture extérieure* se compose d'une série de couronnes hexagonales reliées verticalement par des goujons en fer. Les madriers d'une même couronne sont clameaudés ensemble à chaque joint. Dans la craie ou tout terrain compact, ce coffrage serait inutile sauf à sa partie supérieure.

Au-dessus de la cote du sol, la *ceinture extérieure* se compose de trois assises de panneaux coffrants de 0 m. 60 de hauteur. Ces derniers sont construits en cadres de bois de 0 m. 08 avec coffrage en planches de 0 m. 04 et sont assemblés avec des clameaux et des goujons. Ces panneaux portent en outre des repères pour la mise en place des coffrages des créneaux, pour les détails desquels il y aurait lieu de se reporter aux notes précitées.

La *ceinture intérieure* se compose de couronnes de madriers réunis par des clameaux et goujons comme dans la ceinture extérieure. Mais, pour permettre le démontage, certaines assises ne portent ni clameaux ni goujons et les madriers voisins de la porte sont composés de deux pièces éclissées.

La forme du coffrage intérieur et l'épaisseur des bois employés (madriers de 8 $^{m/m}$) n'exigent pas l'étrésillonnement des faces entre elles. Mais il est préconisé de supporter une partie de la charge, exercée sur les rails de l'intrados pendant le bétonnage de la dalle, par un châssis vertical disposé au centre et reportant cette charge sur le sol. Les équarrissage en sont : Montants : 22/8 ; Chapeau : 22/12 ; Semelles : 12/16.

L'assemblage des panneaux de coffrage extérieur est consolidé, au bas de l'assise inférieure, en haut de l'assise supérieure et à chacun des deux joints par une série d'équerres de fer 50/10, à 120°, fixés par deux tirefonds sur le cadre de chaque panneau.

ARMATURE MÉTALLIQUE. — Les plans de pose des armatures métalliques sont reproduits croquis n° 28, *a, b, c, d, e, f, g, h.*

La répartition des armatures a été conçue dans ses grandes lignes suivant les principes exposés ci-dessus. Les détails particuliers d'application sont les suivants :

Les *quadrillages* de la masse du béton armé sont en barres d'acier rond de 12 et 17 millimètres de diamètre, ces dernières au voisinage du parement interne (ménisque). L'écartement des barres est de 0 m. 18 et le poids moyen d'acier par mètre cube de béton est d'environ 90 kilogrammes.

L'*armature des parements* est traitée en barres de 12 millimètres d'une façon analogue aux indications données par la présente étude.

L'*ancrage de la dalle* dans les piédroits est réalisé :

1° Au moyen de 54 goujons de 0 m. 012 et de 0 m. 20 de hauteur enfoncés de 0 m. 10 dans le béton des piédroits, près des sommets du quadrillage où il ne se trouve pas d'armature verticale ;

2° Au moyen de barres de 0 m. 012 disposées dans toute la hauteur des piédroits et de la dalle. Ces barres n'existent que dans les piédroits de 1 mètre d'épaisseur. Elles sont réparties en deux nappes placées chacune au voisinage d'un parement et distante de celui-ci d'une vingtaine de centimètres. Les barres qui constituent chaque nappe sont placées à environ 0 m. 20 l'une de l'autre.

L'armature de la partie inférieure de la dalle est constituée à l'intrados par une couche de rails dont les patins sont jointifs. Il y a lieu de remarquer que cette disposition permet au béton d'enrober le champignon et l'âme du rail.

En outre, on a prévu, sur 0 m. 60 de hauteur au-dessus du vide, des armatures verticales formant « étriers ». Cette disposition résulte des considérations suivantes :

On a remarqué à Verdun, dans les démolitions de béton armé, qu'il s'était formé des plans de clivage à hauteur des armatures horizontales. On en a attribué la formation aux efforts de flexion de la zone inférieure de la dalle[1]. D'où la disposition adoptée.

Enfin, contrairement aux dispositions préconisées plus haut, les *deux derniers quadrillages* de la dalle ne sont pas doublés. Mais il est néanmoins recommandé d'ajouter sur le dessus de la dalle une *couche d'éclatement métallique*.

DÉTAILS D'ORGANISATION DES CHANTIERS. — *Personnel.* — Compagnie 1/15 T, une Section Compagnie 12/2 T, deux équipes de cimentiers, conducteurs et chevaux 12/2 T et 9/1 T, conducteurs et chevaux d'une Demi-Section de parc.

Matériel. — Le P. G. A. IV fournit le sable, le gravier (mis en sacs), le ciment et le coffrage prêt à poser.

La Section de camouflage fournit une toile de camouflage de grand diamètre pour chaque blockhaus et des toiles pour masquer les dépôts de matériel.

Approvisionnements. — *Transports.* — L'eau amenée par des tonneaux sur roues est versée dans des cuves placées à 100 mètres au moins de la casemate. Le ciment est approvisionné sous abri en éléments de tôles cintrées recouverts d'un camouflage.

Les gâchoirs sont installés soit dans le voisinage du blockhaus, en un point se prêtant au camouflage, soit autour de l'emplacement du blockhaus, sous la grande toile de camouflage. Les sacs de sable, gravier, sont déchargés de voiture à au moins 100 mètres de la casemate, transportés et déposés, le sable sur un côté du gâchoir, le gravier sur les deux autres côtés. Ce transport est fait à dos d'homme, pour qu'il n'y ait pas de traces de voitures dans un rayon de 100 mètres autour du blockhaus (on utilisera ultérieurement un monorail). Les évacuations de terre se font de la même façon.

Les transports de béton, quand les gâchoirs ne touchent pas le blockhaus, sont faits au panier par chaînes d'hommes.

Marche du travail. — Les transports et le travail sont faits en principe de nuit ou par temps couvert.

Le bétonnage se fait en deux phases, l'une correspondant aux piédroits, l'autre à la dalle.

La construction (approvisionnement à part) est faite par les équipes ci-après :

1º Camouflage ;

2º Terrassement et coffrage extérieur (au-dessous du sol) ;

3º Préparation, coffrage intérieur, armature verticale, coffrage extérieur au-dessus du sol, etc. ;

4º Bétonnage.

Tout est réglé de façon que l'avancement se fasse à la vitesse d'une casemate tous les deux jours (parachèvement non compris).

---

[1] Le Général Bassenne fait observer que la formation des plans de clivage a pu tenir aussi en partie au fait qu'en temps de paix, pour la confection des grandes dalles, l'intervalle entre la pose de deux couches atteignait généralement trois heures et qu'il importe de réduire cet intervalle de temps le plus possible.

B. — Construction d'un observatoire

Conception d'ensemble de la construction. — L'observatoire, analogue à celui figuré schématiquement croquis n⁰ˢ 29 et 30, était constitué par un puits à la Boule surmonté d'un abri cuirassé démontable pour observateur type St-Chamond. Le tout devait être enrobé d'une gaine de béton, de 3 mètres de diamètre à sa partie supérieure, descendant à 4 mètres de profondeur et se rétrécissant vers le bas de manière que les parois de la fouille aient un fruit d'environ 1/10. En pratique, la fouille faite, le cube à bétonner se trouvait être d'environ 20 mètres cubes. Le massif devait être armé à la partie supérieure sur une hauteur de 1 mètre.

Coffrage. — Le coffrage intérieur fut simplement constitué par une colonne de cadres coffrants de puits à la Boule jointifs cloués dans chaque angle sur un chevron vertical. Les poussées du béton étant symétriques, les quelques étançons mis par prudence furent à peu près inutiles.

Il n'y eut pas de coffrage extérieur, la fouille présentant des parois assez solides à cause de leur fruit et de la nature du sous-sol (craie). Mais on prit la précaution de protéger, par un petit plancher avec coulotte, les lèvres de la fouille au point de décharge des wagonnets, pour éviter que cette opération ne fasse tomber des mottes de terre dans la fouille. Ce plancher facilitait également la reprise à la pelle de béton tombé hors de la fouille.

Armature métallique. — Elle était constituée uniquement par des quadrillages horizontaux traités, comme il a été indiqué, à 80 kilogrammes par mètre cube de béton. Le plan de pose était analogue à celui figuré croquis n⁰ 29. Le nombre des barres était doublé dans les deux dernières couches.

Détail d'organisation du chantier. — Les gâchoirs ont été installés à une centaine de mètres du massif à bétonner, à proximité d'une voie ferrée qui a été utilisée pour l'approvisionnement des matériaux.

Le transport entre les gâchoirs et l'observatoire se faisait par voie de 0ᵐ40 posée à peu près en palier. On disposait de trois wagonnets-bennes. L'organisation du chantier est donnée schématiquement croquis n⁰ 30.

L'effectif employé pour l'exécution du bétonnage comprenait deux brigades de 40 hommes (gradés non compris) répartis de la façon suivante :

FABRICATION DU BÉTON

Pour un gâchoir	Approvisionnement sable, gravier, ciment. .	2
	d⁰ eau	1
	Mélange à sec sable ciment.	2
	Malaxage mortier	2
	Malaxage béton	4
	Chargement en benne	2

13 hommes (pour le gâchoir ci-dessus)

Un atelier semblable pour l'autre gâchoir. 13

Tansport et décharge du béton (3 wagonnets) 6

Régalage. 4

Damage 4

Total . . . . 40 hommes

Il n'avait pas été prévu d'équipe spéciale pour la mise en place des fers, en raison de la faible quantité des armatures, qui avaient d'ailleurs presque toutes été assemblées à l'avance.

Le travail organisé comme il vient d'être indiqué a permis à la Compagnie 4/62 d'atteindre à l'heure, en plein rendement, un débit de 4 mètres cubes de béton mis en place, avec un effectif de 40 hommes. Mais ce chiffre est un maximum correspondant au travail à plein rendement, pour un bétonnage de courte durée, exécuté de jour, et loin de l'ennemi. Sur le front, il paraît plus prudent de ne compter, avec un même effectif, que sur le chiffre de 2 mètres cubes à l'heure.

Emploi du béton

A. — Abris

L'*abri en béton* présente sur l'abri-caverne les *avantages :*

De permettre beaucoup plus facilement le débouché et l'observation ;
D'être réalisable en terrain où l'eau est à faible profondeur.

Il a, par contre, les *inconvénients :*

D'exiger un gros tonnage de matériaux ;
De nécessiter une installation parfois difficile à réaliser à proximité de l'ennemi.

Le *tonnage des matériaux* nécessaires pour construire des abris à l'épreuve du 210 varie de 10 à 20 tonnes par place d'homme couché, suivant l'importance de l'abri.

De la comparaison de l'importance relative des avantages et des inconvénients indiqués ci-dessus, on déduit les conditions d'emploi du béton pour la construction des abris, étant entendu qu'on ne peut songer à faire des bétonnages sérieux que dans les régions où l'on dispose de moyens de transport.

Le béton sera à recommander par exemple pour la création d'*abris pour petits groupes de combat* dans la zone de la *ligne de surveillance*, en raison des facilités d'observation et de débouché qu'ils présenteront. Un abri de ce type est figuré croquis n° 21. Il est supposé dans une tranchée et son débouché à la forme d'une traverse.

Le béton sera également à recommander pour les abris en *terrain aquatique*, en prenant des précautions pour qu'ils ne soient pas noyés.

Nous renvoyons pour les détails de construction des abris aux études spéciales faites sur ce sujet à l'E. I. G. par les Capitaines Hélie et Billiard. Nous signalerons seulement que ces abris se classent en deux types, l'un est construit *uniquement* en béton spécial et armé ; l'autre est constitué avec interposition d'un *matelas de sable*. Ce dernier type découle du type de renforcement d'anciens locaux dont il a été parlé à propos de Verdun. Il paraît offrir une sécurité plus grande et une habitabilité plus satisfaisante, mais exige un tonnage beaucoup plus considérable de matériaux. Il paraît surtout à recommander quand les locaux à protéger existent déjà, comme caves, etc...

Dans les cas où les difficultés de transport font écarter le béton pour la construction de tout l'abri, on peut néanmoins avoir intérêt à utiliser celui-ci pour *renforcer leurs débouchés*, qui en sont les points faibles.

Dans ce cas, le béton est employé soit sous forme de *dalle protectrice* étendue sur le sol au voisinage du débouché, soit sous forme de *carapace* recouvrant la première partie de la descente.

La *dalle protectrice* en béton doit, en principe, déborder l'entrée de l'abri, en avant et latéralement, de manière à empêcher toute action directe des projectiles sur les parois et le ciel de la descente. Cette condition correspond pour le 210, dans un terrain analogue à celui de Mailly, à déborder d'une quantité telle qu'un projectile pénétrant à l'inclinaison de 45° à 2 m. 50 de profondeur reste encore éloigné de 2 m. 50 de tout point de la descente à protéger.

Le croquis n° 32 représente l'étude d'une dalle remplissant cette condition.

L'épaisseur à donner est en principe de 1 mètre ; mais l'énorme cube de béton auquel on arrive pour la protection d'une seule descente — 70 mètres cubes environ — conduit à rechercher à diminuer l'épaisseur de la dalle à mesure qu'elle s'éloigne de l'entrée. Néanmoins, pour avoir un bloc de béton assez résistant, il ne semble pas possible de descendre au-dessous de 0 m. 30 d'épaisseur. Le volume de la dalle ainsi amincie est d'environ 40 mètres cubes.

On verrait facilement que, pour réaliser la même protection, une *carapace* recouvrant la première partie de la descente procurerait une légère économie de béton. Sa construction serait, il est vrai, un peu plus compliquée, mais on pourrait en profiter pour aménager vers l'entrée de l'abri une sortie de petit *corps de garde* permettant la défense propre et l'observation.

Il importe chaque fois que l'on utilisera le béton pour renforcer les entrées d'abris, de l'employer sous forme de massif d'assez *grosse masse* pour n'être ni disloqué ni déplacé par un projectile; car si l'entrée d'un abri venait à être obstruée par un bloc de béton, son dégagement serait en pratique à peu près impossible.

Lorsque les conditions locales ne permettent pas de bétonner sur place, on peut encore faire bénéficier la protection des abris de la dureté du béton (à défaut de sa masse) en l'utilisant sous forme de *dalle-éclateur*.

Les dalles éclateurs[1] sont des éléments de dalles en béton armé, moulés à l'avance, et assemblés sur place en reliant par des agrafes métalliques les boucles en fer rond dont sont munis leurs angles. Il en existe plusieurs modèles à peu près équivalents.

CARACTÉRISTIQUES DES DALLES ÉCLATEURS TYPE S. T. G.

(Voir croquis n° 33)

Dimensions extérieures..... 0 m. 45 × 0 m. 45 × 0 m. 12.

Poids................... 60 kilos environ.

Dosage du béton .... { 800 litres gravillon. / 400 litres de sable. / 400 kilos ciment de portland.

Matériaux (par dalle)....... 24 litres béton.

— — .... 5 kilos acier rond.

Armature inférieure........ Quadrillage de deux séries de 7 barres rondes de 40 centimètres de long et 10 millimètres de diamètre.

Boucles d'accrochage....... Deux barres rondes de 1 m. 20 de long et 10 millimètres de diamètre terminées par une boucle à longue queue à chaque extrémité et placées en diagonales.

Étriers d'accrochage........ U en acier doux de 10 millimètres de diamètre, tordus à l'aide d'un *levier spécial*, après pose.

COMPOSITION D'UN ATELIER DE FABRICATION

Chef d'équipe 1
Préparation du béton.. 2
Découpage du fer, pliage et confection de la grille................. 4
Transport du béton 2
Régalage du béton 1
Damage... 1
Total.................... 11 hommes.

Ces dalles s'utilisent en plusieurs couches posées à joints discordants. On sépare parfois ces couches par des matériaux de dureté différente pour faciliter la déviation verticale du projectile.

B. — Emplacements de mitrailleuses

On peut réaliser en béton les emplacements de mitrailleuses dont il a été question ci-dessus au Chapitre II.

a) CASEMATE. — Il a été construit un nombre important de *casemates rectangulaires*,

---

[1] Pour plus de détails, voir la notice, S. T. G., sur les dalles en ciment armé pour couches d'éclatement, 25 décembre 1916.

dont le croquis n° 5, emprunté à l'Étude du Capitaine Billiard sur la « Constitution des abris » donne un type d'encombrement réduit.

Une casemate de ce type a été construite récemment par un peloton de *Pionniers* au Stand des Mitrailleurs de Châlons. Le bétonnage a été fait en deux phases, l'une correspondant au radier, l'autre au piédroits et à la dalle. — Ce dernier bétonnage, d'un volume de 34 mètres cubes a été effectué de jour, en 14 heures, par 34 hommes. — L'armature était conforme aux indications de la présente étude.

Voir également les renseignements donnés plus haut au sujet du type de casemate hexagonal préconisé par le Général Bassenne (Croquis n°s 6, 27, 28.)

b) Trou d'obus. — Le croquis n° 9 a donné les détails d'un emplacement de mitrailleuse bétonné ce type avec chambre d'attente et protection du puits d'accès. Les croquis n° 34 indiquent comment a été traitée l'armature de la dalle de béton.

On remarquera qu'on a cherché à réduire le nombre des longueurs différentes de barres en adoptant la même longueur pour quelques-unes d'entre elles qui paraissent de longueurs différentes sur le croquis. Ce résultat s'obtient en donnant à la main au moment de la pose une légère flexion aux extrémités des barres trop longues de manière à les inscrire dans l'intérieur du volume.

c) Emplacement avec cuirassement léger. — Le croquis n° 11 donne une étude d'émergence bétonnée recouvrant un puits et présentant un emplacement de mitrailleuse avec cuirassement léger, chambre d'attente et observatoire.

C. — Observatoires et postes optiques

Le béton est, après le cuirassement métallique, la matière qui donne la protection maxima sous le minimum d'épaisseur et, par conséquent de relief. Son emploi est donc à préconiser pour les observatoires et les postes optiques, souvent d'ailleurs en combinaison avec le cuirassement.

Le croquis n° 29 donne l'exemple d'un massif de béton enrobant un des types d'abris cuirassés démontables pour observateurs (S. T. G. Saint-Jacques ou Saint-Chamond) et protégeant la partie haute du puits d'accès.

Il est rappelé que ces cuirassements[1] sont divisibles en éléments dont le poids individuel ne dépasse pas 70 kilogrammes, ce qui rend leur transport facile. Il convient, en raison de leur forme tronconique, de les disposer sur une assise prenant appui dans le béton et constituée soit par un cadre en chêne soit mieux par un cadre en fers I assemblés.

Le croquis n° 35, emprunté au Cours du Capitaine Billiard, représente un observatoire d'Artillerie.

Le croquis n° 36, extrait du règlement allemand « Détails d'organisation des positions » représente un observatoire d'Artillerie dans lequel la tête de l'observateur est protégée contre les éclats par un petit cuirassement. On pourra s'en inspirer pour réaliser une disposition analogue.

Si la possibilité de bétonner sur les positions intermédiaires et les deuxièmes positions n'est contestée par personne, il n'est pas de même pour la première position, où l'on déclare parfois *à priori* tout bétonnage impossible. Il est des régions et des périodes où cela est indubitablement exact ; mais pour montrer ce qu'il est possible de faire dans cet ordre d'idées, nous citerons la *casemate pour mitrailleuses du Bois du Hibou* réalisée par les Allemands entre Laucourt et Beuvraignes à environ 1.000 mètres de notre première ligne.

---

[1] Pour plus de détails, voir la notice S. T. G. du 25 juillet 1916 « Instruction provisoire sur les abris cuirassés démontables pour observateurs. »

L'abri cuirassé Saint-Chamond ne figure pas au *Catalogue du Matériel spécial approvisionné par l'Établissement Central du Matériel Spécial du Génie* et paraît abandonné.

Le croquis n° 37, emprunté au rapport du Commandant Gueniot sur l'organisation défensive allemande dans le secteur compris entre Roye et l'Oise, indique l'importance de cet ouvrage.

La Note n° 7800 B/2 du 11ᵉ C. A., sur les organisations allemandes dans la région Roye-Lassigny, signale la même construction et rapporte que, bien que soumise à un tir assez sévère et ayant subi deux atteintes, elle n'était nullement entamée.

Il est vrai que la présence du petit bois a pu faciliter le camouflage des travaux, mais par contre l'examen du plan directeur montre que cet emplacement était exposé à nos vues directes.

Nous ne citerons enfin que pour mémoire les nombreux *postes de guetteurs* construits dans la même région par les Allemands *en avant de leur première ligne*.

Les abris, entièrement construits en petits cubes de béton avaient des murs de 0 m. 75 d'épaisseur et un toit de 0 m. 60, ce qui correspond déjà à un transport de matériel assez important.

CHAPITRE V. — **LOCALITÉS ET BOIS**

Les *localités* et *bois* sont organisés d'après les principes généraux exposés dans l'*Etude d'ensemble* du Commandant Barré sur l'*Organisation du terrain*, mais en tenant compte de leurs propriétés particulières qui sont examinées ci-dessous.

A. — Localités

Les localités présentent les particularités suivantes :

PROTECTION. — Les localités protègent à peu près complètement contre le fusil, la mitrailleuse et le shrapnell. Les obus incendiaires y causent des destructions considérables s'il s'y trouve des matières inflammables (paille, fourrage, charpentes, cloisons, planchers, meubles, etc.) Les obus explosifs percutants de petit calibre causent également des dégâts considérables dans les superstructures des maisons. Mais, avec le nombre des projectiles, les décombres s'amoncellent et forment matelas.

Les effets de l'Artillerie lourde varient beaucoup avec la nature des constructions et la qualité de leurs matériaux.

Le Lieutenant-Colonel Benoit cite, dans son rapport déjà mentionné, les effets suivants constatés à Verdun :

Pour le 210. — « Dans les maisons d'habitation construites en bons matériaux, le projectile de 21 tombant sur la toiture peut traverser le grenier et les étages supérieurs mais laisse généralement indemnes les étages inférieurs (Citadelle, Ville). S'il pénètre par la façade, tout ou partie de cette façade est détruite . . . . »

Pour le 380. — « . . . . Le projectile de 380 éclate au contact d'un corps dur ; il est muni d'une fusée de culot sans retard . . . .

« Il a été constaté dans nombre de maisons de Verdun :

1° Que dans celles comprenant un rez-de-chaussée et une cave, le grenier et le rez-de-chaussée étaient détruits par l'effet du projectile de 380 tombant sur la toiture, mais que la cave restait généralement indemne ;

2° Que dans celles comprenant plusieurs étages, les étages supérieurs étaient détruits par le projectile tombant de la même façon, mais que les étages inférieurs étaient en général indemnes, si les matériaux de construction étaient de bonne qualité et les planchers résistants. »

Mais les effets sont beaucoup plus considérables si les maisons sont peu solides et construites avec des matériaux médiocres, et surtout si les projectiles tirés sont munis de fusées à retard.

Il y a donc lieu d'admettre qu'en général les localités peuvent être ruinées par l'Artillerie lourde d'autant plus aisément que l'observation du tir est plus facile.

Couvert. — Les localités offrent, avant leur destruction, un couvert à peu près complet contre les vues et se présentent, après, sous un aspect tellement chaotique que le camouflage des organes de la fortification y est des plus aisés.

Cette propriété très importante facilite considérablement la construction ou l'aménagement de ces organes et permet en particulier, grâce aux facilités de communications et aux ressources en eau que présentent les localités par ailleurs, le plus large emploi du béton. Les principaux organes ainsi aménagés sont :

a) Les abris et P. C., obtenus en renforçant des caves par des couches ou dalles de béton protectrices ;

b) Les organes de flanquement — construits sous forme de casemates en béton édifiées en général à l'intérieur des bâtiments ;

c) Les observatoires — réalisés sous forme de massifs de béton remplissant des parties d'édifices auxquelles accèdent des communications bétonnées ou souterraines.

Après avoir édifié un de ces organes à l'intérieur d'une construction encore intacte, l'ennemi a souvent simulé la démolition de celle-ci par notre tir en disposant les décombres de manière qu'ils contribuent au camouflage sans masquer les vues.

Obstacle. — Les nombreuses clôtures de jardin existant aux abords des localités constituent un premier obstacle, léger il est vrai, mais qui peut être aisément renforcé sans être trop repérable sur les photos d'avions.

A l'intérieur des localités, la circulation ne peut s'y faire commodément que par les rues qu'il est très facile de barricader. La progression de l'ennemi peut y être ainsi rendue très pénible. Une localité constitue donc dans son ensemble une zone d'obstacles avec quelques passages faciles à tenir par un faible effectif.

Communications. — Les routes aboutissant à la localité et les rues donnent de bonnes communications, mais vite repérées et souvent susceptibles d'être enfilées. Aussi est-il nécessaire de créer à travers des îlots de maisons un réseau de communications jalonnées avec soin par des poteaux indicateurs pour faciliter les mouvements indépendamment des rues. Avec le temps, ce réseau de surface sera doublé par un réseau souterrain obtenu en réunissant entre elles les caves, et en particulier celles qui sont utilisées comme abri.

De ces particularités des localités résulte le parti qu'on peut en tirer dans les organisations défensives. Ce parti sera différent suivant que la localité sera comprise dans une position défensive ou située en arrière du front.

Localité comprise dans une position défensive

Ce qui domine le rôle qu'est appelée à jouer une localité englobée dans une position défensive, c'est la possibilité pour l'ennemi de la ruiner par concentration de ses feux d'Artillerie lourde. Aussi est-il recommandé de la considérer en général comme une *avancée* de la position en la faisant contourner vers l'arrière par la *parallèle de résistance* qui en bat les débouchés. Cette disposition n'exclut pas que, outre la parallèle de surveillance, on fasse passer en avant de la localité un *dédoublement avancé* de la parallèle de résistance. Mais elle présente l'avantage que l'ennemi, maître de la localité par une attaque de vive force, n'a pas pour cela entamé sérieusement la position.

Comme exemples de dispositions analogues réalisées par l'ennemi à des dates et pour des localités d'importances différentes, nous citerons :

Le village d'Auberive ;

La ville de Saint-Quentin, dont les organisations sont schématiquement représentées par les croquis n⁰ˢ 38 et 39.

En raison également de cette concentration possible des feux de l'Artillerie sur la localité on recommande d'éviter d'y masser des troupes. Le règlement allemand va même jusqu'à dire : « On devra s'opposer énergiquement à la tendance qu'ont les troupes à s'entasser dans les localités ».

L'organisation comprend donc en général :

Une parallèle de surveillance et une parallèle de résistance en avant de la lisière des maisons ;
Des boyaux reliant les lignes précédentes à la localité ;
Un cloisonnement intérieur par obstacles et barricades très soigneusement étudié ;
Des casemates à l'épreuve pour mitrailleuses flanquant :

a) Les abords de la localité, en avant vers les parallèles de surveillance et de résistance précitées, et latéralement vers la parallèle de résistance proprement dite de la position.

b) Le cloisonnement intérieur.

Des abris à l'épreuve pour les groupes de combat, qui assurent l'occupation des premières lignes et les différents flanquements intérieurs et extérieurs indiqués ci-dessus, et pour les troupes de contre-attaques intérieure et latérale ;

Des P. C. et observatoires à l'épreuve ;

Des communications superficielles ou souterraines desservant les différentes alvéoles ;

Et enfin, si la localité est importante, un réduit.

Les *parallèles de surveillance et de résistance* sont à leur espacement normal, mais la parallèle de résistance doit se trouver au minimum à deux ou trois écarts probables de la lisière des maisons, soit environ une centaine de mètres.

La possibilité de trouver dans les constructions en retrait sur la lisière des emplacements de casemates de mitrailleuses jouissant d'un certain commandement facilite beaucoup le tracé des flanquements.

Les *boyaux* reliant à la localité les parallèles précitées sont traitées comme d'habitude, mais il y a lieu d'en organiser avec un soin particulier la *défense propre* à leur entrée dans la localité pour s'opposer à l'infiltration ennemie. En raison des facilités de réglage du tir sur la *lisière*, il faut admettre que celle-ci sera complètement démolie. Il ne faut donc pas compter y établir le premier obstacle de compartimentage intérieur, mais en éloigner celui-ci de plus d'un écart probable. C'est à hauteur de cet obstacle que sont établis les postes de défense propre qui seront traités en s'inspirant des dispositions du croquis n⁰ 18. Les boyaux se raccordent d'ailleurs ensuite au réseau de communications intérieures qui dessert la localité.

Le *cloisonnement intérieur* de la localité prend une importance spéciale parce que l'ossature de ses flanquements constitue à elle seule, comme on le verra plus loin, toute la défense intérieure. Il doit garantir les fractions de la garnison contre l'encerclement et permettre d'opiniâtrer la défense. Il se compose d'une série d'obstacles dirigés en général parallèlement et perpendiculairement au front et soigneusement flanqués. C'est cette dernière condition qui détermine leur *tracé*. Celui-ci suit le plus souvent les rues, car elles constituent une amorce de champ de tir bien dégagé et leur facilité relative de circulation induit l'ennemi à les utiliser. Les aménagements à réaliser ultérieurement pour améliorer ce champ de tir consisteront à effectuer la démolition des constructions qui pourraient servir de couvert à l'ennemi et lui faciliter le franchissement de l'obstacle, ou dont la chute au moment de l'attaque en pourrait amener la suppression.

Le premier élément de ce cloisonnement intérieur est constitué par l'obstacle voisin de la lisière dont il a été question plus haut au sujet de l'organisation défensive des boyaux reliant les parallèles à la localité.

Le dernier élément est constitué par les défenses ceinturant le réduit.

Les éléments intermédiaires sont surtout fonction de l'étendue de la localité et des coupures naturelles (rues larges, ruisseaux, espaces non bâtis...) qu'elle présente.

La faible étendue du champ de tir et l'importance spéciale que présente l'économie de l'effectif consacré à la défense, conduisent à rechercher plus que partout ailleurs l'utilisation des *armes automatiques en flanquement.* Donc la défense se compose surtout d'une série de blockhaus ou casemates pour mitrailleuses ou F. M. enfilant les lisières extérieures des obstacles du cloisonnement.

Ces *casemates* doivent être à *l'épreuve de l'Artillerie lourde.* Elles seront donc en général *bétonnées.* Les inconvénients de visibilité qui ont fait écarter, pour la protection des mitrailleuses, l'installation des casemates en plein champ n'existent d'ailleurs plus ici et il sera même possible de leur donner un relief tel qu'elles ne courent pas le risque d'être aveuglées par la démolition des édifices voisins. On adoptera comme type de construction, soit la *casemate rectangulaire* figurée croquis nº 5, soit le *blockhaus hexagonal* préconisé par le Général Bassenne et figuré croquis nº 6. L'abri du personnel et les accès seront aménagés dans les caves voisines.

Comme précaution à prendre dans la construction, il faudra prévoir un soubassement en béton ou, à défaut, en maçonnerie d'assez grosse masse pour résister au tir de l'Artillerie à l'épreuve duquel est établie la casemate. C'est à la méconnaissance de cette prescription que l'on peut attribuer la ruine d'un observatoire allemand établi à la Ferme-Brûlée (entre Amy et Beuvraignes) et constitué par une chambre en béton établie sur un soubassement en briques à parois de même épaisseur.

Ces casemates de mitrailleuses seront établies non seulement pour flanquer le *cloisonnement intérieur,* mais aussi les *abords* de la localité.

Vers l'avant, elles fourniront le barrage de feu qui doit concourir à la défense de la ligne de résistance avancée. *Latéralement,* elles flanqueront les obstacles de la parallèle de résistance proprement dite la position et s'opposeront aux tentatives d'enveloppement. Elles seront d'ailleurs conjuguées pour ce dernier objet avec les Sections de Mitrailleuses comprises dans l'organisation de la position en arrière de la localité.

Les *abris à l'épreuve* destinés aux différents groupes de combat de la défense et aux troupes de contre-attaque seront en général *bétonnés.* Ils pourront être, soit construits de toute pièce, en n'utilisant les maisons que comme couvert contre les vues; soit établis en utilisant les caves. Le renforcement, dans ce dernier cas, consiste à étayer solidement la cave et à la recouvrir d'une carapace protectrice de béton avec interposition d'un matelas de sable. On se reportera pour les détails de l'exécution aux constructions analogues étudiées dans le cours d'abri du Capitaine Hélie.

Dans le même ordre d'idées, pour supprimer le plus possible de couverts propices à l'ennemi, on peut être amené à détruire les maisons non utilisées et, en particulier, leurs caves. Cette destruction présente un gros intérêt au voisinage des obstacles du cloisonnement, car l'ennemi pourrait chercher à ruiner ceux-ci en se servant des caves comme bases de départ.

Les *observatoires* ne peuvent avoir des vues qu'à condition de dominer fortement les édifices environnants. Cette situation en fait des buts tout indiqués pour l'Artillerie ennemie. Aussi y a-t-il lieu de les traiter d'une façon particulièrement solide par l'emploi du *béton en grosse masse.*

Parmi les nombreuses organisations de ce genre qui ont été réalisées par les Allemands, nous citerons le *Pigeonnier des Fermes Rouges* (près de Verpillières). Le croquis nº 40, emprunté au rapport déjà précité du Commandant Gueniot sur les organisations allemandes entre Roye et l'Oise, représente le schéma de cette installation. Les Allemands, utilisant une tour carrée, en briques, servant de pigeonnier, ont coulé à l'intérieur un bloc de béton la remplissant du haut en bas. Ils ont construit en arrière une seconde tour également en béton, étayant la première et présentant à l'intérieur l'escalier d'accès et la chambre d'observation ; à la base de cette seconde tour, et en arrière, est accolé un abri pour le personnel.

La Note 7800 B 2 du 11ᵉ C. A., à laquelle nous empruntons ces détails, dit que cet observatoire, très visible, « était connu de nous et a subi un tir de destruction. Toute la façade de briques tournée vers nos lignes a été détruite, sans que le bloc de ciment fut entamé ; un coup est tombé sur l'abri du personnel, il n'a fait que l'écorner ; l'observatoire restait intact. »

Le *réseau de communications* qui dessert la localité est, comme cela a été indiqué ci-dessus, d'abord superficiel, puis souterrain. Il ne présente pas dans ses détails de particularité bien spéciale, sinon qu'il y est fait la plus large utilisation des caves. Le renforcement de celles-ci correspondrait à un gros travail qu'il n'est guère possible d'entreprendre et il paraît préférable d'assurer la sûreté de circulation suivant les itinéraires principaux par un double jeu de communications à peu près parallèles et avec fréquentes bretelles de jonction permettant de passer d'une communication à l'autre en cas d'obstruction de la première.

L'organisation du réduit n'est que la reproduction des détails d'organisation de la localité. Les conditions à rechercher dans son choix sont, outre la solidité des constructions et la facilité de leur organisation, l'effet de surprise et la difficulté de réglage pour l'Artillerie ennemie.

Tels sont, pour une localité englobée dans une position, les principaux détails de son organisation qui lui permettent de résister très opiniâtrement même avec une faible garnison. Les Allemands ont nettement compris le caractère de cette résistance car ils écrivent dans leur règlement :

« Il faudra, autant que possible, éviter de se laisser aller à un combat de rues par l'entrée en ligne de forces importantes d'Infanterie, car un tel combat est très meurtrier et son succès est douteux. »

Localités en arrière du front

Les localités en arrière du front, c'est-à-dire non incorporées dans une position défensive, auraient un rôle assez important en cas de *percée* pour limiter ou tout au moins retarder la progression de l'ennemi et gêner ses mouvements enveloppants. Ce rôle ne paraît pas avoir beaucoup attiré notre attention, mais les Allemands, dans leurs règlements, semblent admettre l'hypothèse d'une percée et s'organiser pour en limiter les effets.

L'organisation doit en être traitée en tenant compte de ce fait qu'au début de la progression elles n'ont guère à craindre les feux de l'Artillerie lourde et que par suite les constructions et les murs offrent une protection assez sérieuse.

Les principaux détails en sont :

Organisation d'une ligne de feu battant tous les abords de la localité, avec champ de tir dégagé ;

Installation de défenses accessoires pour assurer la continuité de l'obstacle ceinturant le village ;

Compartimentage intérieur, sinon cloisonnement ;

Enfin création d'un réduit.

La *ligne de feu* est obtenue par l'aménagement d'un certain nombre d'emplacements pour groupes de combat battant tout le terrain, soit de front, soit de flanc. Les faibles effets de l'Artillerie permettent de rapprocher ces emplacements de la lisière et même, si les conditions de champ de tir l'exigent, d'utiliser des murs, des maisons, etc.

Les *abris* correspondants sont constitués par les caves ou même les étages inférieurs des maisons solidement construites.

Il importera que le *champ de tir* soit bien dégagé dans toutes les directions pour parer à l'effet de surprise et parfois à l'insuffisance de l'obstacle.

L'*obstacle* destiné à ceinturer la localité est d'abord réalisé par le renforcement et la jonction des grillages et clôtures de jardins ; puis il est doublé par du réseau. Il est établi avec une solidité particulière devant les organes de défense. Près des issues, cette ceinture laisse aux routes et chemins leur largeur normale pour ne pas entraver la circulation ; mais il doit être prévu à pied d'œuvre un approvisionnement de chevaux de frise pour les obturer rapidement.

L'organisation va rarement jusqu'à cloisonner l'intérieur de la localité en prévision d'une lutte pied à pied, mais il bon de prévoir des emplacements de mitrailleuses enfilant les rues principales et limitant ainsi la progression intérieure de l'ennemi. Tous ces emplacements et ceux des groupes de combat de la lisière sont desservis par un réseau de communications jalonné et repéré avec soin et indépendant des rues.

Enfin, le *réduit* doit satisfaire aux conditions déjà indiquées à propos des localités comprises dans les positions.

B. — **Bois**

Les bois présentent pour l'organisation des positions les particularités suivantes :

Protection. — Dans les grands bois, l'Artillerie n'a au début que peu d'efficacité, exception faite de la lisière, sur laquelle le réglage du tir est très facile. Mais cette efficacité s'accroît sensiblement avec le temps et la protection propre conférée par le bois devient à peu près nulle.

Couvert. — Le bois offre à la défense l'avantage essentiel de soustraire ses organisations aux vues, même aériennes, de l'ennemi. Il est extrêmement difficile à ce dernier, si les dégagements de tir ont été faits avec la discrétion voulue, de reconnaître le tracé d'ensemble du système défensif, son mode et sa densité d'occupation. Le bombardement méthodique de ces organisations par l'Artillerie est donc très difficile, au moins au début. Mais il faut tenir compte de ce qu'un bombardement avec de gros projectiles parvient, après un nombre plus ou moins grand de coups, à détruire tout le couvert.

Obstacle. — Le bois présente par lui-même, surtout si c'est un taillis épais, un premier obstacle à la progression de l'ennemi. Ce premier obstacle naturel est facile à renforcer.

Enfin, le bois s'oppose à la progression ennemie en ce sens qu'il est très difficile à l'Artillerie d'y précéder son Infanterie par un barrage mobile analogue à celui qu'elle réalise couramment en terrain découvert.

Communications. — Celles-ci sont en général insuffisantes, surtout dans les bois en taillis. Mais il est possible d'obtenir très rapidement un réseau très complet de communications échappant complètement aux vues et desservant les différents organes de la défense. Ce réseau ne met d'ailleurs pas à l'abri des coups, contre lesquels il faut, tôt ou tard, recourir à une protection par parallèles et boyaux.

Enfin, les bois, lorsqu'ils sont étendus, constituent par eux-mêmes un couvert qui communique avec l'arrière et permet le jeu des grandes contre-attaques.

Des propriétés particulières indiquées ci-dessus découlent les détails d'organisation défensive. Nous examinerons d'abord les bois compris dans les positions, puis ceux qui se trouvent ou s'étendent en arrière du front.

Bois compris dans les positions

L'organisation des bois compris dans les positions doit être traitée en *deux phases*, correspondant aux états successifs par lesquels passe le bois au cours de la bataille : d'abord *permanence du couvert et de l'obstacle*, puis *destruction totale du bois*.

La *première phase* comporte la création des éléments suivants :

Emplacements de groupes de combat pour flanquer la lisière et le cloisonnement intérieur ;

Obstacles conjugués avec les flanquements précédents ;

Abris pour les groupes de combat précités et les troupes de contre-attaque ;

Postes d'observation et de guet pour signaler l'approche de l'ennemi ;

Communications desservant les différents organes précités et permettant le déclanchement des contre-attaques.

La *deuxième phase* complète par un maillage de parallèles et de boyaux l'organisation réalisée précédemment de manière à rétablir le réseau de communications que la destruction du bois tend à faire disparaître.

Il est entendu que l'ensemble des organes sus-indiqués est réparti en zônes de groupements de commandement (groupe de combat, point d'appui, centre de résistance) comme dans le cas du terrain découvert, et que si l'étendue du bois est suffisante l'organisation comporte un réduit.

Si l'étendue du bois est petite, il n'y a pas lieu à création de réduit, mais il faut, dans ce cas, par analogie avec ce qui a été fait pour les localités, infléchir la parallèle de résistance de la position de manière à contourner le bois et à battre ses débouchés. Il forme alors, en général, une avancée de la position.

L'organisation du bois dans sa *deuxième phase* tend à le ramener au type général d'organisation en terrain découvert dont l'étude a fait l'objet des chapitres précédents ; nous n'y reviendrons donc pas et étudierons seulement ici la *première phase*, c'est-à-dire celle où le caractère propre du bois subsiste.

Une première série *d'emplacements des groupes de combat* est disposée de manière à flanquer la lisière, à battre le terrain des abords du bois et à interdire les chemins de pénétration. On évite de les placer sur la lisière même en raison des facilités de réglage qu'elle offre au tir ennemi. On les place donc soit en arrière à au moins deux écarts probables, soit en avant si les formes du terrain l'exigent.

Dans le premier cas, on sera amené à éclaircir un peu le sous-bois pour dégager le champ de tir ; mais il faudra le faire discrètement et ne pas toucher à la lisière même.

Le gros avantage qu'offre la disposition sous bois, c'est de permettre l'utilisation de casemates ou blockhaus à l'épreuve. Leur relief ne présente en effet aucun inconvénient tant que le couvert existe ; et, même après la destruction du bois, l'ensemble présente un aspect tellement chaotique que de petits organes recouverts de débris peuvent encore échapper longtemps à l'observation ennemie. Le seul inconvénient est que l'organe peut être aveuglé par des chutes d'arbres ; mais un piquetage bien étudié et quelques aménagements du bois peuvent diminuer les risques d'obstruction.

A l'intérieur du bois sont ménagés des *barrages de feu échelonnés* correspondant sensiblement aux barrages successifs prescrits en terrain découvert devant les parallèles de résistance, soutien, réduits, etc. Mais ces barrages sont réduits pour la première phase à leur *ossature par organes de flanquement*. Ceux-ci sont disposés en quinconce de manière à se soutenir et placés pour battre également les cloisonnements qui compartimentent le bois. Ces organes sont, comme cela a été indiqué pour ceux de la ligne de feu de la lisière, sous casemate à l'épreuve.

Les *obstacles* conjugués avec ces flanquements sont en général constitués par des *réseaux*. Leur construction est très facile, car les arbres existants forment une première série de supports pour les fils de fer, série qui peut être aisément complétée avec des piquets confectionnés sur place. Une excellente défense accessoire, facile et rapide à mettre en place et qui peut former le premier élément d'un obstacle très sérieux, consiste à poser une bande de 2 mètres de haut d'un solide *grillage métallique genre « pare-bombe »*. Ce grillage est placé alternativement d'un côté et d'autre des arbres sur lesquels il est cloué. Il est bon d'en fixer la partie inférieure au sol par quelques piquets intermédiaires, ou mieux par une amorce de petit réseau qui sera développée ultérieurement pour renforcer l'obstacle.

Les *abatis* ne constituent que des obstacles médiocres. Ils gênent les vues, qui sont déjà très restreintes sous bois. De plus, ils sèchent rapidement et peuvent être facilement incendiés.

Quelque soit le type adopté, les obstacles sont disposés en bandes tracées de manière à canaliser la progression ennemie vers les feux des groupes de combat. On cherche à donner un peu d'amplitude au champ de tir de ceux-ci en débroussaillant devant le réseau. Mais ce dégagement du champ de tir doit être fait avec beaucoup de prudence pour ne pas trahir l'organisation aux investigations des avions ennemis. On peut d'ailleurs se contenter à la rigueur d'un champ de tir de très faible amplitude, car l'obstacle non repéré échappera à l'Artillerie et restera intact. En outre, on compense l'étroitesse du champ de tir par un renforcement de l'obstacle qui pare à toute surprise. La surveillance, la nuit et par temps de brouillard, sera assurée par des patrouilles circulant le long d'une *piste de rocade* permettant de surveiller le réseau à l'oreille, sinon à la vue.

Les *déboisements*, autrefois si en honneur, sont actuellement interdits. L'Instruction G. Q. G. du 22 août 1917 dit en effet : « On s'abstiendra d'une façon absolue de déboiser, car les déboisements fourniraient à l'ennemi des indications précieuses sur les parties du bois organisées. »

D'ailleurs, leur utilité a perdu beaucoup de son importance. Les déboisements étaient en effet nécessaires autrefois comme dégagement du champ de tir en raison du faible débit des armées employées. La forte dotation actuelle de l'Infanterie en armes automatiques a changé les conditions du problème.

Les *communications* sont, avec les flanquements, les véritables moyens de défense des bois. Ce sont elles qui, en reliant à l'arrière d'une façon sûre les différents emplacements de groupes de combat, donnent à leurs occupants la sécurité morale nécessaire pour qu'ils puissent remplir leur mission. Ce sont elles également qui permettent le jeu des contre-attaques. En un mot, elles remplissent le rôle des parallèles et boyaux dans un terrain découvert, mais avec cette supériorité qu'elles peuvent et doivent être *insoupçonnées de l'ennemi*, alors que celui-ci ne part jamais à l'attaque de parallèles et boyaux sans en avoir un croquis à peu près exact et même parfois sans en avoir fait une répétition sur une reproduction de l'organisation à conquérir. La contre-attaque contre un ennemi qui pénètre sous bois est aisée pour le défenseur qui connaît son terrain et dispose de pistes de circulation.

Ces *pistes* sont, les unes de direction générale perpendiculaire au front pour les mouvements en avant, et les autres parallèle au front pour les mouvements de rocade. Leur *tracé* doit être sinueux au voisinage du débouché mais comporter de grands alignements droits flanqués par *blockhaus* qui les interdissent à l'ennemi. Les *écriteaux* sont à multiplier, en particulier au voisinage des carrefours. Il est bon également, pour faciliter l'orientement, de faire à la peinture de nombreuses *traces sur les arbres* — par exemple un point blanc sur le côté tourné vers le réduit. — Pour la nuit, prévoir des *mains courantes* en fil de fer.

Le dispositif de contre-attaques est à compléter par des *abris* pour les troupes.

Bien que, pendant la première phase, on puisse se contenter d'abris à fort relief, à l'abri du 150, cette solution ne paraît pas à recommander car elle correspond à un gros travail qui serait sans utilité pour la seconde phase. Il est préférable d'entreprendre immédiatement la construction *d'abris à l'épreuve du 210* — soit bétonnés, soit en caverne. — Le couvert offert par le bois facilite d'ailleurs beaucoup la dissimulation et l'exécution du travail.

L'organisation de *l'observation* et du *guet* doit être étudiée avec un soin particulier car l'important, dans la lutte sous bois, est de surprendre l'ennemi sans être surpris par lui. On fait à cet effet un gros emploi d'observatoires *surélevés*. Les plus simples consistent en nids de feuillages camouflant l'observateur grimpé dans un arbre. Une installation plus complète et présentant déjà une certaine protection consiste à utiliser les *arbres en tôle* des sections de camouflage. Un autre genre d'installation peut être réalisé par un *grand périscope* fixé sur un support naturel ou artificiel et aboutissant à sa partie inférieure dans une chambre d'observation à l'épreuve.

Il est rappelé à cette occasion que l'Établissement central du matériel spécial du Génie possède un approvisionnement de périscopes Carvallo à miroirs sphériques et lentilles et à tubes coulissants de 6 mètres à 8 mètres de haut. Il existe même des périscopes atteignant 14 mètres, mais en nombre limité.

L'observation proprement dite devra être complétée par une organisation d'écoutes. Une note allemande du 4 mai 1917 donne à ce sujet les indications suivantes :

« On emploiera pour les postes d'écoutes des gens familiarisés avec la vie des bois : forestiers, chasseurs, bûcherons, etc. Il leur est possible par l'observation minutieuse de l'attitude des oiseaux de déterminer la position des observatoires ennemis dans les arbres ou l'approche des patrouilles ennemies. L'envol et la façon de se poser des oiseaux donnent des indications sur la présence de l'adversaire. Les oiseaux se dirigeant vers de grands arbres et faisant brusquement un crochet à petite distance de l'arbre peuvent trahir la présence de tireurs dans ces arbres. »

Bois en arrière du front

Les propriétés caractéristiques des bois déjà énoncées — couverts, susceptibles d'être défendus avec de faibles effectifs et permettant le facile déclenchement des contre-attaques — subsistent et déterminent leur emploi en dehors des positions.

Des *bois de grande étendue* disposés perpendiculairement au front et *traversant les positions* seront par exemple utilisés dans le débouché de contre-attaques de grosses unités. Il est en effet rationnel d'admettre que la progression de l'Infanterie ennemie sera plus lente sous bois, où son Artillerie l'appuiera difficilement, qu'en terrain découvert. On cherchera à profiter de ce décalage pour déclencher sur les flancs de l'ennemi qui progresse à découvert une contre-attaque débouchant du massif des bois. Le croquis n° 41 représente le schéma d'une disposition de ce genre.

On facilitera singulièrement cette manœuvre si on l'a préparée par un aménagement correspondant du bois, à savoir :

Organisation de la défense pied à pied par échelons successifs ;

Zone de rassemblement des troupes de contre-attaque avec abris ;

Réseau de communications pour leurs mouvements ;

Bases de départ au voisinage de la lisière ;

Couverture de la lisière par des organes de flanquement qui auront en outre à appuyer et à flanquer le débouché des contre-attaques.

En arrière des positions, les bois auraient en cas de percée à jouer un rôle de réduit analogue à celui étudié ci-dessus pour les localités dans la même situation. Leur organisation serait dans ce cas à traiter dans le même esprit.

CHAPITRE VI. — ORGANISATION DES BATTERIES

Aux termes de l'Instruction G. Q. G., du 22 août 1917, sur « *l'organisation du terrain* », la construction des Batteries incombe à l'Artillerie. Il a paru bon néanmoins de donner ici quelques vues rapides sur ce sujet pour le cas où le Commandement prescrirait la participation du Génie, soit comme exécutant, soit comme conseiller technique.

L'exposé qui en est fait ci-dessous s'inspire en majeure partie de « l'Instruction sur l'organisation et la construction des batteries » (décembre 1916), instruction à laquelle il y aurait lieu de se reporter, le cas échéant, pour plus amples détails.

Nous ne reviendrons pas sur les conditions générales qui interviennent dans la détermination des positions de Batteries et des emplacements de Batteries, conditions qui ont été exposées dans l'*Etude d'ensemble* du Commandant Barré sur l'*Organisation du terrain* (Chap. V). Cette détermination, où il serait bon que le Génie intervienne, doit toujours être faite à l'initiative de l'Artillerie.

L'organisation d'un emplacement comprend les éléments suivants :

Terre-pleins ou emplacements de pièce ;

Abris de bombardement pour le personnel ;

Niches et abris pour munitions ;

P. C. ;

Observatoires ;

Boyaux reliant les différents organes ;

Et enfin organisation de la défense rapprochée chaque fois que l'hypothèse d'une attaque par l'Infanterie ennemie n'est pas à écarter d'une façon obsolue.

Les détails de ces aménagements varient avec les types de Batteries que nous classerons à cet effet en deux grandes catégories :

a) Artillerie de tranchée.

b) Artillerie de campagne et Artillerie lourde.

A. — Artillerie de tranchée

Les terre-pleins des mortiers de tranchée sont établis pour leur permettre le tir vertical, c'est-à-dire le tir avec un angle supérieur à 45°.

Ils sont en général constitués (voir par exemple croquis n° 45) par une sorte de *retrait* profond dont une *cheminée de tir* forme l'embrassure. Leur enfoncement n'est limité que par les dimensions de celle-ci dont la longueur et la largeur sont sensiblement égales à cet enfoncement.

Les dimensions et les cotes du terre-plein proprement dit sont régies par celles de la *plate-forme* qui reçoit la pièce. Pour avoir ces données, il y aura lieu de se reporter aux règlements spéciaux d'A. T.

Les *parois* de la cheminée de tir doivent être revêtues, pour résister tant aux poussées et dégradations auxquelles elles sont exposées, comme tous les talus, qu'à l'érosion produite par le souffle de la pièce pendant le tir. On préconise à cet effet, pour les gros calibres, les enduits en ciment armé, qui pourraient être traités d'une façon analogue au revêtement allemand décrit ci-dessus (Chap. III) à condition de l'ancrer sérieusement dans le sol.

L'*ouverture* de la cheminée, qui est extrèmcment visible, doit être obturée par une toile de *camouflage* dont un système à contre-poids peut faciliter l'éclipse. La coupe AB du croquis n° 44 représente un dispositif de ce genre.

Chaque emplacement de pièce doit être muni de deux boyaux de dégagement avec traverses permettant :

Une évacuation rapide des abords de la pièce par les servants ;

La localisation des effets du souffle en cas d'accident.

Les *abris pour le personnel* sont en principe des abris cavernes. Il y a lieu de se reporter pour leur construction à l'étude du Capitaine Hélie, sur les abris.

Toutefois l'Instruction précitée de décembre 1916 paraît admettre, pour des raisons de progressivité dans la construction, l'utilisation, au début d'une installation, d'abris à faible ou moyenne protection obtenus en fouille ouverte.

Ce n'est que comme indication de ces dispositions de l'Instruction qu'il sera fait mention de ces abris non à l'épreuve.

Les *abris à munitions* seront également constitués par des abris cavernes ou, à défaut, par des abris en fouille ouverte à moyenne protection. On construira en général des abris différents pour les bombes et pour les charges ; et on prendra toujours soin de ménager des niches à artifices pour séparer ceux-ci des bombes.

Chaque Batterie doit comporter un *P. C.* doté d'un poste téléphonique qui la relie au réseau du tir et à son ou ses observatoires. Le P. C. se compose ainsi de trois locaux :

Un bureau de tir ;
Un poste téléphonique ;
Une chambre d'officier.

Le tout est installé en abri-caverne.

Les *observatoires* d'A. T. sont dans les lignes d'Infanterie même et aussi rapprochés que possible de la Batterie pour faciliter la transmission des observations. Placés dans la ligne de surveillance ou dans son voisinage immédiat, les observatoires sont traités comme les *postes de guetteurs* dont il a été question ci-dessus Chap. III, à propos de l'aménagement des tranchées.

En arrière de la ligne de surveillance, les observatoires peuvent êtres traités plus solidement et comprennent en général un abri-caverne et le poste d'observation proprement dit. Ce dernier est aménagé à l'extrémité d'un puits ou d'une galerie à 1/1. La première disposition offre plus de solidité et nous paraît préférable bien qu'elle soit d'un accès plus difficile. Le poste d'observation est constitué par une chambre pouvant contenir deux observateurs, disposée soit à ciel ouvert, soit recouverte d'un toit mettant au moins à l'abri des éclats. L'emploi des *abris-cuirassés démontables pour observateurs* est tout indiqué. Mais il y a lieu de ménager aussi une ouverture dans le plafond ou la paroi pour l'emploi de la jumelle-ciseaux.

Il sera parfois possible d'utiliser le béton et de faire un observatoire à l'épreuve qui sera traité comme ceux figurés croquis n⁰ˢ 35 et 36.

Quelque soit le type d'observatoire adopté, il y aura lieu de le camoufler soigneusement ainsi que ses abords, de manière que rien ne le trahisse. Si l'on crée pour son accès un boyau spécial ; il faudra soit le couvrir complètement soit le prolonger de manière qu'il semble faire partie du maillage général de parallèles et boyaux.

Les *mortiers* d'une Section ou d'une Batterie peuvent être :

Soit disposés sur les ramifications d'un boyau (dispositif en arbre) ;
Soit échelonnés le long d'une parallèle intermédiaire (dispositif en parallèle) ;
Soit groupés sous un couvert favorable (dispositif en cercle).

Le dispositif en parallèle doit être préféré toutes les fois qu'on pourra l'adopter, car il donne au personnel d'une pièce le maximum de protection contre un éclatement prématuré dans une pièce voisine.

La construction devra en général être conduite progressivement de manière que l'emplacement soit utilisable, le cas échéant, en cours d'exécution.

Les croquis n⁰ˢ 42 à 44 donnent, à titre d'exemple, les trois phases successives de la construction d'une *Section de mortiers de 58.*

Un mode de construction offrant plus de sécurité, mais plus lent, consiste à placer les deux pièces dans des *trous de marmite camouflés* réunis par une parallèle en galerie à l'épreuve le long de laquelle sont ménagés les abris à munitions. Deux galeries perpendiculaires servent de débouchés à ce système et permettent latéralement l'aménagement d'abris pour le personnel.

Le croquis n⁰ 45 représente *l'installation d'une pièce de 240 T* avec abris cavernes pour les munitions et pour le personnel. La coupe verticale suivant l'axe de la pièce est la reproduction, donnée à titre d'indication, d'un croquis de l'Instruction sur l'organisation et la construction des batteries précitée. L'emplacement de la pièce est en partie en galerie de mine ; les parois de la cheminée de tir sont revêtues d'un enduit en ciment armé qui déborde de 0 m. 20 sur la surface du sol. Enfin, le ciel de l'emplacement de la pièce est protégé par un poitrail en béton armé et par une couche d'éclatement qui, sur le croquis, est mixte en béton et rondins, mais qu'il y aurait intérêt à faire homogène en béton.

Pour les batteries de mortiers de gros calibre, comme par exemple les *340 T.* dont les projectiles sont très lourds, il faut prévoir une installation de *voie étroite* et *plans inclinés* pour faciliter les manutentions. On utilisera de préférence la voie de 0 m. 60 qui permettra de raccorder l'installation au réseau général de voie de 0 m. 60 desservant la position et évitera ainsi les transbordements.

B. — Artillerie de campagne et Artillerie lourde

L'intérêt qu'il y a à dérober aux vues ennemies les emplacements de batterie donne à la dissimulation des travaux une importance particulière ; aussi allons-nous en dire quelques mots qui s'appliqueraient également à toute construction d'organe de fortification susceptible d'être camouflé.

Nous examinerons ensuite le détail des différents éléments qui constituent une batterie et nous terminerons par quelques vues d'ensemble sur la construction des batteries.

DISSIMULATION DES TRAVAUX. — Il faut avant toute chose étudier sur une *photo aérienne* l'aspect du terrain et en déduire les mesures à prendre pour dissimuler les travaux.

Les *principaux indices* qui peuvent y révéler les chantiers et les organisations sont :

Les pistes ;
Les formes et reliefs ;
Les teintes.

Les *pistes d'accès* sont indispensables, puisque c'est par elles que circulent les hommes et le matériel, mais il importe que leurs modifications ou leur développement ne révèlent pas les travaux entrepris. S'il existe déjà des pistes dans la région, on cherchera souvent à situer l'organisation de manière qu'elles la desservent et, pour éviter toute extension ultérieure, on les clôturera.

S'il n'existe aucune piste, on pourra soit en créer une desservant uniquement le chantier et la camoufler, ce qui est souvent difficile ; soit mieux créer une piste en bretelle ou entre deux pistes ou routes existantes. Dans ce cas encore, on la clôturera de manière qu'elle ne présente aucun élargissement ni cul de sac à hauteur des travaux.

Les *pistes et voies étroites intérieures* du chantier *seront camouflées.*

En résumé, avant tout travail, il faut établir un plan des pistes et de leur dissimulation comprenant le truquage des unes, le camouflage des autres et une police rigoureuse de la circulation.

Les *formes des travaux,* surtout quand elles sont géométriques, trahissent le chantier ; aussi importe-t-il de les camoufler.

Les reliefs de remblais et déblais échappent difficilement à l'étude stéréoscopique. Il y a donc lieu de tenter d'échapper à cet examen en évitant d'éveiller l'attention de l'ennemi et en raccordant tous les massifs avec le terrain environnant par des formes modelées sans dénivellations brusques.

Le camouflage employé à cet effet pourra être posé :

Soit à même sur le sol ou les matériaux ;
Soit sur une cage constituée par des fils métalliques tendus au-dessus du chantier, fils que supporteront des poteaux.

Les *teintes des matériaux et des déblais,* qui révéleraient inévitablement les travaux sont à masquer par des camouflages de couleur, de tonalité et d'aspects rappelant ceux du terrain primitif.

On utilise à cet effet soit des *produits artificiels*, toiles peintes ou grillages de rafia, soit des *produits naturels* : plaques de gazon, herbes, branchages, etc., placés sur le sol ou sur des grillages. Les produits naturels semblent en général préférables aux produits artificiels car ils donnent l'aspect de la tonalité exacte et, de plus, ils sont faciles à trouver sur place.

Tous les camouflages en grillages ou filets doivent, sous peine de se trahir, présenter une certaine *opacité* que l'on peut obtenir en plaçant sous eux une toile ou une bâche ayant la teinte générale du terrain.

Enfin, il importe de *faire vivre le camouflage avec le terrain* dont il doit subir les modifications de teintes.

En un mot, le camouflage doit être préventif et parfait. Un camouflage imparfait éveille l'attention et est plus nuisible qu'utile.

Détails des différents éléments d'une Batterie

TERRE-PLEINS. — Les terre-pleins sont exécutés en déblai de profondeur le plus souvent égale à la hauteur de genouillère.

Ils sont de forme trapézoïdale, dont les dimensions, variables avec le modèle de canon et l'amplitude du champ de tir, sont les suivantes pour un champ de tir de 90° :

MATÉRIELS	DIMENSIONS DU TRAPÈZE		
	GRANDE BASE	PETITE BASE	HAUTEUR
75..............................	4^m00	2^m00	3^m00
120 L de Bange......................	7 00	2 50	6 50
155 L de Bange......................	12 00	5 00	7 50
220 plate-forme.....................	6 00	4 00	5 00

Sur le sol du terre-plein, on dispose une plate-forme qui facilite les mouvements et la manœuvre du canon. Celle-ci est soit construite et livrée par un Parc d'Artillerie, soit construite par les Artilleurs au moment de l'armement de la Batterie.

CASEMATAGE. — Le casematage peut être, soit léger, contre les éclats, soit à l'épreuve d'un coup percutant de calibre variable. Nous ne parlerons que de ce dernier cas.

Les casemates à l'épreuve d'un coup percutant de petit calibre sont constituées par une solide charpente supportant un toit. La charpente est établie suivant les principes correspondant à l'organisation des abris en fouille découverte. Elle comprend semelles, montants et chapeaux : le tout est soigneusement assemblé, triangulé et entretoisé. Le toit est constitué comme celui des abris de moyenne protection avec couches portantes à la partie inférieure et couches d'éclatement à la partie supérieure.

Le croquis n° 46 représente un modèle de *casemate en rondins et terre* pour canon de campagne donnant un champ de tir de 90°.

Une variante plus solide de casemate de même type consiste à doubler la paroi en charpente par une seconde paroi analogue distante de la première de 1 mètre. L'intervalle entre les deux parois est rempli de terre fortement pilonnée. Ce mode de construction est analogue à celui de l'ancienne casemate pour mitrailleuses type G. A. C.

On peut encore renforcer la solidité de la casemate en employant pour la constitution du toit des matériaux plus solides, tels que rails ou fers I pour la couche portante, et dalles éclateurs pour la couche d'éclatement. Le croquis nº 47 représente une casemate de ce type dont les montants de la charpente sont des madriers accolés et boulonnés tous les 0 m. 70 environ. Les sablières sont des fers I encastrés dans les piliers. La première couche du toit est formée de rails jointifs réunis par du béton. Le revêtement antérieur est entaillé pour former logement des roues du canon ; cette disposition procure un champ de tir de grande amplitude, malgré une embrasure de faibles dimensions.

L'emploi de tôles ondulées cintrées à grandes ondes facilite, comme pour les abris, la construction des casemates.

Avec les types hétérogènes précédemment décrits, il est indispensable de garnir la face antérieure du toit formant parement au-dessus de l'embrasure, d'une couche d'éclatement solide pour empêcher les projectiles rencontrant cette région de la casemate de venir exploser entre les couches horizontales de rondins du toit.

En pratique, il ne sera jamais possible d'obtenir, avec les casemates de ce type, la protection contre les projectiles lourds. Ce résultat ne pourra être atteint qu'en recourant au béton.

Nous donnerons à titre d'indication de construction de ce genre les croquis de deux types d'emplacement de pièces allemandes.

Le croquis nº 48 qui est extrait du *Règlement sur les détails d'organisation de position*, représente une *casemate bétonnée pour une pièce de campagne*. L'armature de l'intrados est constituée par une couche de fer I reposant sur deux poitrails en P. N. 30. L'épaisseur totale de la dalle, y compris l'armature, est de 1 mètre.

Le croquis nº 49 représente une Batterie allemande qui était en construction dans la région de Nampcel au moment de notre progression. Comme particularités de ce croquis, on peut remarquer :

1º L'énorme cube de béton que les Allemands n'ont pas hésité à mettre en œuvre pour la construction d'un emplacement de pièce ;

2º La variation d'épaisseur de la dalle de toit, qui va en croissant de l'embrasure au fond de la casemate. Cette variation correspond à l'augmentation de la portée en raison de la forme trapézoïdale du terre-plein.

C'est dans la région des Flandres que l'on trouve le plus de batteries bétonnées, tant du côté ami que du côté ennemi, en raison de l'absence de défilements et de l'impossibilité de créer des abris-cavernes.

ABRIS DE BOMBARDEMENT. — Ces abris sont construits auprès des terre-pleins. Leur accès doit être facile. Leur construction s'effectue conformément aux principes généraux posés dans l'étude du Capitaine Hélie sur la construction des abris et de manière à leur donner le maximum de solidité. Ils correspondent au personnel nécessaire pour le service des pièces. Le reste du personnel est logé hors de la batterie dans des abris de repos.

NICHES, ABRIS ET DÉPÔTS DE MUNITIONS. - ; Les *abris et niches à munitions* sont établis de même conformément aux principes généraux mentionnés ci-dessus.

On organise une niche à obus et une niche à gargousses par terre-plein. Les intervalles entre niches contiguës sont au minimum de :

1 mètre entre deux niches à obus ;
4 mètres entre une niche à gargousses et une autre niche.

La *transformation des charges* se fait dans un abri éloigné d'environ 10 mètres du terre-plein. Il doit être largement ventilé afin d'éviter des accidents dus à l'inflammation des vapeurs d'éther qui se dégagent des caisses à gargousses.

Les munitions ne doivent jamais être souillées de boue. Aussi convient-il de les isoler du sol.

Le croquis n⁰ 50 donne, à titre d'indication :

Un banc pour isoler du sol les munitions dans un dépôt;
Une niche à munitions aménagée dans un talus de boyau ;
Un abri de transformation de charges.

En dehors de l'approvisionnement contenu dans les niches, les munitions se répartissent entre :

Les dépôts de batteries ;
Les dépôts intermédiaires ;
Les dépôts des grandes unités.

Les *dépôts de batterie* sont établis à proximité des batteries avec une protection de même ordre que celle des abris de la batterie.

Chaque dépôt comporte plusieurs abris espacés les uns des autres de 10 à 20 mètres. Chaque abri correspond à environ 500 cartouches de 75 ou 250 à 300 obus de 155.

Le croquis n⁰ 51 donne deux types d'abris dont l'un est à couloir central et l'autre à double couloir. Cette dernière disposition facilite l'examen et assure une plus large aération des munitions.

Les *dépôts intermédiaires* et les *dépôts des grandes unités*, installés dans des régions relativement calmes, ne comportent pas, en général, d'abris à l'épreuve.

Les munitions y sont réparties en petits lots convenablement dissimulés et abrités des intempéries. La circulation doit y être facile.

P. C. ET OBSERVATOIRES. — Les *P. C. de batteries*, qui sont traités comme les abris de bombardement, doivent être en communication facile avec les terre-pleins pour augmenter la rapidité de transmission des commandements.

Ils comprennent en principe trois locaux :

Bureau de tir ;
Poste téléphonique ;
Chambre d'Officier.

Les *P. C. de Commandants de groupes*, groupements, A. D., A. L., etc., sont traités comme les P. C. des Commandants de batteries, mais avec un nombre de locaux correspondant au personnel à abriter.

A ces postes sont souvent annexés :

Un observatoire ;
Un poste optique ;
Un poste de T. S. F.

Les *observatoires* sont traités comme cela a déjà été indiqué ci-dessus à propos de ceux des batteries de tranchée. Toutefois, l'éloignement des lignes permet de leur donner un plus grand relief et par suite une protection plus grande. Le croquis n⁰ 52 donne à titre d'indication un *observatoire à moyenne protection en rondins et terre*.

On pourra ici faire appel au béton pour construire des observatoires analogues à ceux figurés par les croquis n⁰ˢ 35 et 36. On pourra également dans les régions plus calmes utiliser des observatoires surélevés installés dans des arbres et constitués par une cabine de $2^m \times 2^m \times 2^m$, en planches ou en tôle plus ou moins forte. L'accès s'en fera par une échelle et le tout devra être soigneusement contreventé et camouflé.

Les *postes optiques* sont organisés sur le modèle des observatoires.

Les *postes de T. S. F.* sont construits sur le même type que le reste du P. C. mais leur emplacement dépend essentiellement de la position de l'antenne et de celle du terrain où sont manœuvrés les draps de signalisation. L'entrée et la sortie doivent en être faciles pour permettre la rapidité de cette manœuvre.

Le croquis n° 53 donne à titre d'indication :

Un P. C. de groupe avec observatoire et poste optique ;

Un P. C. de groupe avec poste de T. S. F. et poste optique.

Construction des Batteries

Les différents éléments dont nous venons d'étudier le détail se groupent de façons un peu différentes suivant la nature du matériel de la Batterie et son type.

Nous allons examiner un certain nombre de cas, par analogie avec lesquels seraient traités les autres.

BATTERIES DE CAMPAGNE A FOUILLE DÉCOUVERTE. — Le croquis n° 54 représente une *batterie de campagne à fouille découverte* avec *double parallèle de circulation*, l'une couverte, l'autre découverte.

Sur la parallèle couverte est branché un abri de bombardement pour les servants de chaque pièce. Sur l'autre sont des niches à munitions.

Le croquis n° 55 représente la *section de droite et le P. C. d'une batterie de campagne à une seule parallèle*. Sur cette parallèle sont établis, en plus des abris de bombardement, les niches à munitions, au nombre de trois par pièce : une de chaque côté du terre-plein (100 coups), une plus importante à côté de l'abri de bombardement (250 coups).

Ce croquis donne également le *schéma d'une batterie de campagne* établie par *pièces en échelon et à très larges intervalles*.

BATTERIE DE CAMPAGNE EN GALERIE DE MINE. — Le croquis n° 56 représente une *batterie de campagne avec double parallèle en galerie de mine*. L'une des parallèles est constituée par une série de descentes avec paliers en face desquels se trouvent des niches à munitions. L'autre est constituée par une galerie majeure qui sert de réserve de munitions, de poste du personnel et de P. C. Une telle disposition n'est admissible qu'à condition de comporter un *cloisonnement sérieux* par merlons de plusieurs mètres d'épaisseur, qui limite les pertes en cas d'accident.

BATTERIE LOURDE AVEC CANONS A AFFUTS RIGIDES EN GALERIE DE MINE. — Le croquis n° 57 représente une batterie de ce type où les terre-pleins ne sont pas excavés. Le matériel est protégé par un remblai de terre rapportée de 2 m. 50 de haut, maintenu par revêtement en rondins.

Un toit léger, camouflé en raphia, recouvre le canon.

Des descentes en galeries de mines partent de part et d'autre de chacun des terre-pleins. Elles se rejoignent deux à deux. Des points de jonction partent des galeries de circulation conduisant à une galerie majeure arrière.

Des puits d'aérage sont ouverts sur la galerie majeure dans le prolongement de l'axe des terre-pleins. Trois autres puits sont creusés à l'aplomb de l'intersection des descentes avec la galerie de circulation.

Un élément de galerie majeure sert de P. C. au milieu de la Batterie.

Cette Batterie peut contenir 4.000 coups de 155.

Bien que les différents types de Batterie indiqués ci-dessus aient été extrait de l'*Instruction sur l'organisation et la construction des Batteries*, il ne faut les considérer que comme des indications pour la rédaction des projets qui devront toujours être établis de concert avec l'Artillerie et faits pour un matériel déterminé dont la désignation est à faire préciser par le Commandement.

www.ingramcontent.com/pod-product-compliance
Lightning Source LLC
LaVergne TN
LVHW010320030726
842520LV00004B/1169